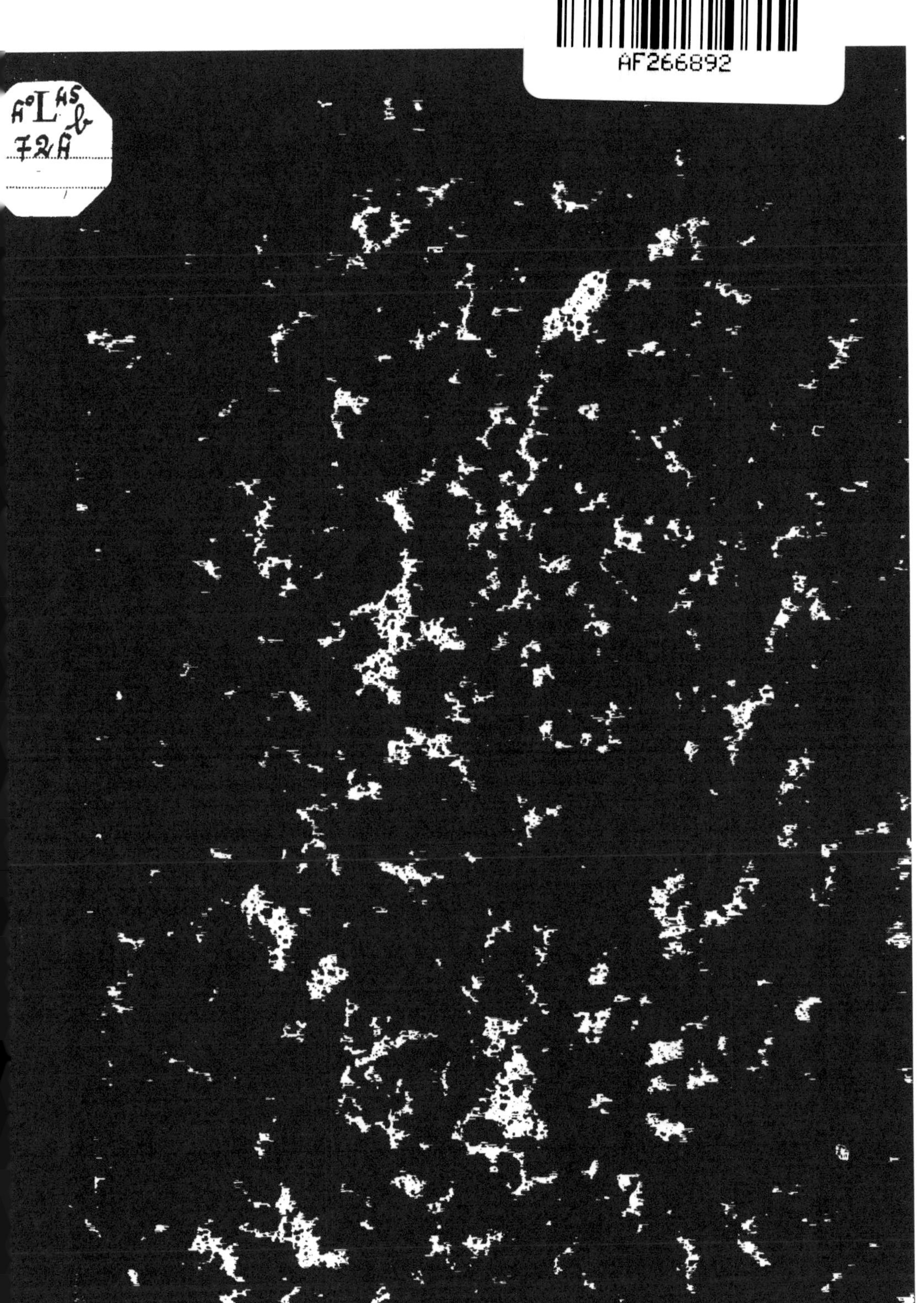

OPINION

D'UN CRÉANCIER DE L'ÉTAT

SUR LE BUDGET,

ET SUR LES *OBSERVATIONS* ET *RÉFLEXIONS*

DONT IL A ÉTE L'OBJET.

OPINION

D'UN CRÉANCIER DE L'ÉTAT

SUR LE BUDGET,

ET SUR LES *OBSERVATIONS* ET *RÉFLEXIONS*

DONT IL A ÉTÉ L'OBJET,

ADRESSÉE AUX CRÉANCIERS DE L'ÉTAT.

Discite justitiam moniti et non temnere.......
VIRG. Æneid. lib. VI.

Apprenez le prix et les effets du crédit,
et ne dédaignez plus ce présent des Dieux.

PRIX, 1 fr. 25 cent.

Deuxième Édition.

A PARIS,

CHEZ BARBA, LIBRAIRE, PALAIS ROYAL,
DERRIÈRE LE THÉÂTRE FRANÇAIS, N.º 51;

AOÛT 1814.

AVERTISSEMENT.

Je crois devoir prévenir, à cause de la nature des matières traitées dans cette brochure, et à cause des principes qui y sont professés, qu'elle n'a été ni commandée, ni influencée, ni même connue avant l'impression. Elle renferme l'expression libre et spontanée de l'intime conviction d'un écrivain particulier.

Les faits et les calculs, tirés des comptes imprimés, sont à tout le monde : les raisonnemens, les vues hasardées, et sur-tout les erreurs, m'appartiennent. Quant au petit nombre de vérités utiles que cette brochure peut renfermer, ou je les ai recueillies dans les ouvrages des auteurs que j'ai étudiés, ou elles m'ont été révélées par les hommes d'État qui ont formé ma jeunesse et instruit mon inexpérience.

Je réclame l'indulgence pour cet opuscule, premier essai de l'auteur et ouvrage de peu de jours. Le temps, dans de pareilles matières, fait beaucoup à l'affaire. Si la publication de cette brochure eût pu être différée, je me serais efforcé de la rendre moins indigne des regards du public.

Afin qu'on ne puisse pas m'accuser de chercher à offenser qui que ce puisse être, je déclare que les reproches d'inexactitude et de fausseté que je suis dans la nécessité d'articuler, ne s'adressent qu'aux faits et aux choses, et nullement aux individus : j'estime et je respecte les personnes, mais je ne dois aucun ménagement aux erreurs ; je les attaque avec toute la franchise, toute l'indépendance de mon caractère, et avec la chaleur d'un Créancier de l'État qui se défend contre sa ruine.

Un Créancier de l'État.

OPINION

D'UN CRÉANCIER DE L'ÉTAT

SUR LE BUDGET,

Et sur les *Observations* et *Réflexions* dont il a été l'objet.

—————

Le Budget a été présenté à la Chambre des Députés le 22 juillet dernier. On ne connaît pas encore l'opinion de cette Chambre ; mais, dès les premiers jours, l'opinion du public et celle des créanciers de l'État a semblé formée. On a généralement vu, avec satisfaction, qu'abandonnant le système de dissimulation et de Banqueroute constamment suivi depuis vingt-cinq ans, le nouveau Ministre des finances du Roi exposait avec une franchise entière, sans exagération comme sans réticence, la Situation des finances et de l'arriéré, autant qu'elle a pu être connue en trois mois ; qu'il proposait de tout payer, et qu'il en présentait les moyens.

Créancier de l'État, je partageais cette satisfaction générale ; je me flattais d'être enfin parvenu au terme de mes inquiétudes et de mes sacrifices : plein de sécurité dans des promesses aussi loyales et dont l'exécution me paraissait complétement garantie, pénétré de reconnaissance pour mon Roi, j'avais déjà, par ma pensée, consacré à son service les débris de ma fortune conservés par ses généreuses intentions, et de tout temps employée au service de l'État ; je me préparais à y ajouter tous les efforts de mon zèle, toutes les ressources de mon crédit revivifié par la fidélité de l'État mon débiteur.

J'ai appris que l'on annonçait, que bientôt il allait paraître chez tous les marchands de nouveautés, que l'on répandait avec profusion (1) des *Observations* et des *Réflexions* de sinistre présage, qui devaient démontrer que la Situation présentée au Roi par le Ministre des finances, et communiquée par le Roi à la Nation dans la personne de ses Députés, que le Budget fourmillaient d'inexactitudes, d'erreurs; que les mesures proposées seraient la ruine de l'État et de ses créanciers; que *l'un* articulait contre le Ministre le reproche de mauvaise foi, d'injustice; que *l'autre*, en rendant hommage à ses intentions, lui reprochait d'avoir voulu trop faire pour les créanciers (faute dont je ne m'étais pas aperçu, et dont je n'aurais pas songé à l'accuser); et ce qui me paraissait bien plus grave, de ne leur avoir présenté que des promesses vaines, de s'être abusé le premier sur l'effet et le résultat des mesures qu'il proposait, et enfin d'avoir voulu mettre les créanciers de l'État à sa merci, pour racheter leurs créances à vil prix, à son profit peut-être.

D'aussi graves inculpations m'ont fait bénir, même avant de connaître leurs ouvrages, les utiles citoyens dont le zèle officieux s'efforçait, soit d'éclairer, soit de démasquer, dès ses premiers pas, un Ministre des finances trompé ou trompeur, de répandre parmi les créanciers une salutaire alarme, de leur rendre toutes leurs inquiétudes, d'enlever à leurs créances la valeur que le crédit renaissant commençait à leur donner, et de les restituer à leur misère, à leur malheur. Dans mon affliction, je louais encore ces hardis écrivains de s'efforcer de ravir toute foi à des promesses illusoires, de provoquer contre l'administration actuelle à son début toutes les résistances, d'élever tous les obstacles qu'il eût été à desirer que l'administration précédente eût rencontrés, et qu'il y aurait eu tant de mérite à lui opposer, parce qu'il y aurait eu quelque courage à le tenter. Je m'étonnais que le public ne fût pas aussi alarmé que moi, qu'il s'obstinât à prouver, par la hausse des fonds publics, qu'il ajoutait foi aux Comptes du Ministre et confiance à ses projets.

Je me suis procuré les brochures annoncées, dans l'espoir d'être éclairé sur mon malheur et d'en trouver le remède ; je les ai lues et relues ; je les ai comparées entre elles et avec le Budget qu'elles critiquent ; et plus que jamais je bénis les auteurs de m'avoir communiqué leurs *réflexions* et *observations:* mes alarmes sont dissipées, et ma confiance est revenue toute entière.

J'avais d'abord pensé que le Ministre, attaqué dans ses projets, dans ses

---

(1) Les *Observations d'un anonyme* ont été envoyées et distribuées gratuitement dans tous les départemens.

Comptes et jusque dans sa personne, devait répondre ; la réplique me paraissait facile. Depuis, cette facilité même m'a paru un des motifs de son silence. Il a pu, sans présomption, juger qu'il ne s'était pas encore présenté d'antagoniste digne de lui ; qu'il ne devait pas abandonner la méditation des grands intérêts de l'Etat, la combinaison de ses plans, l'exécution des ordres du Roi, le soin de la fortune publique, et descendre à tout instant dans l'arène où il plairait au premier champion de l'appeler pour lui jeter à la tête des erreurs, des projets et des rêves.

Je ne me flatte pas d'être suffisamment initié aux systèmes de finances de tous les temps et de tous les pays, ni aux grandes questions d'administration et d'économie politique, pour choisir et indiquer le système qui convient le mieux à notre position actuelle, et pour distribuer, du haut de mon observatoire, ou du fond de ma retraite, des leçons aux Représentans des Nations, aux Rois et aux Ministres.

Mais j'ai donné aux lois de finances et aux systèmes versatiles des Gouvernemens qui se sont succédés, cette inquiète et curieuse attention que tout créancier de l'État accorde à des mesures qui touchent ses plus chers intérêts. J'en ai ressenti tous les contre-coups ; j'ai vu, malgré mes soins les plus vigilans, mes travaux les plus assidus, ma plus rigoureuse économie, la fortune considérable que mes pères avaient acquise par cinquante ans de fidélité et de dévouement au service de leurs Rois, successivement frappée et réduite par les assignats, les mandats, les liquidations, les consolidations de toute espèce.

J'ai, comme tout créancier de l'État, acquis par une douloureuse expérience, trop souvent répétée, un tact assez sûr pour juger du mérite des opérations financières et de la valeur des projets : je ne crois pas céder à de vaines illusions, en avançant qu'aucun plan ne me semble avoir mieux mérité ni plus rapidement obtenu un assentiment presque général que le Budget actuel ; qu'il est de beaucoup au-dessus de ceux que nous étions accoutumés à voir adopter sans observations. Il me paraît sur-tout facile de démontrer qu'il ne mérite pas les reproches qui lui sont adressés dans les brochures qui ont paru, et qu'il est supérieur aux projets que l'on insinue et vers lesquels on tâche d'amener l'attention et la préférence.

Ces projets, je l'avoue, m'épouvantent, tandis que ceux du Ministre des finances du Roi me rassurent. Je crois avoir acheté assez chèrement le droit d'en juger, et la liberté d'en dire mon avis. Je vais user de ce privilége.

Je ne prétends faire, ni une réfutation complète des objections que l'on peut opposer au Budget, je discuterai les points attaqués que j'ai pu vérifier ; ni un traité d'économie politique, je me bornerai aux aperçus qu'exigera la discussion du Budget.

J'ai rendu naïvement compte des diverses impressions que ce Budget, et les attaques dont il a été l'objet, ont faites sur moi : je ne doute pas que les autres créanciers de l'État n'aient éprouvé des impressions peu différentes; c'est avec eux principalement que je prétends continuer de causer familièrement de nos intérêts communs, des espérances et des dangers que nous présentent les plans du Ministre des finances du Roi, et ceux des écrivains qui les censurent; chemin faisant, je releverai plusieurs inexactitudes de chiffres, échappées sans doute aux deux critiques , et par-fois plus graves que celles qu'il leur plaît de reprocher aux comptes (1).

Observations d'un anonyme. — *Sur les Discours et Rapport des Ministres du Roi.*

Les Observations et Éclaircissemens sur le paragraphe concernant les Finances, &c. ont paru d'abord: si elles sont de l'auteur auquel, à tort je pense, on les attribue, on a le droit d'en exiger beaucoup, puisqu'il aurait long-temps administré les finances du grand Empire.

J'attendais de l'anonyme des vues générales et profondes, des plans fondés sur l'expérience et mûris par la réflexion. J'ai vu, dans son opuscule, des chicanes de chiffres sans résultat si elles étaient fondées, et le plus souvent erronées, des querelles de mots, l'apologie de l'administration précédente et des anciens Ministres, des plaintes sur le peu d'égard que les Ministres du Roi ont observé dans leurs discours au Corps législatif.

L'anonyme défend des administrateurs que les Ministres du Roi n'accusent pas, et une administration que tout accuse, excepté ces Ministres. Il se plaint du silence comme d'une injure.

Qu'il lise les *Réflexions* de M. *Ganilh.* Il y verra, dès la première page, *les déplorables excès du pouvoir absolu, de ses ministres, de ses conseillers et de ses courtisans :* il verra, page 39 , M. *Ganilh* s'étonner et s'indigner que *l'on ne recherche pas les complices des violations de dépôt ; qu'on ne prenne aucune mesure publique pour atteindre les coupables et disculper les innocens ; qu'on couvre*

---

(1) Je répète que les reproches d'inexactitude et de fausseté s'adressent aux Budgets, aux faits et aux choses, et non aux individus. Je n'attaque pas la personne de l'administrateur ou de l'écrivain mais je poursuis sans ménagement les erreurs,

d'un

d'un voile officieux le scandale de l'ordre spoliateur, et l'exécuteur timide ou inté-
ressé : ce qui veut dire qu'il faut mettre en jugement les précédens Ministres ;
proposition aussi injuste qu'impolitique, aussi loin de la pensée que des discours
des Ministres du Roi.

Lequel des Ministres de *Buonaparte* a jamais eu, dans la formation d'un seul
plan, dans l'exécution d'un seul projet, la liberté de pensée ou d'action
suffisante pour qu'on puisse lui attribuer l'honneur ou le blâme des résultats !
Peut-on faire un crime de l'obéissance universelle ! y a-t-il responsabilité où
il n'a pas existé de volonté !

Ne doit-on pas de l'estime, de la reconnaissance même, aux administrateurs
qui ont géré avec désintéressement, qui n'ont eu en vue que le bonheur de
leur pays, et qui, placés auprès d'un maître farouche, s'efforçaient d'adoucir
par leurs représentations, trop souvent vaines il est vrai, son caractère indomp-
table, et d'atténuer, dans l'exécution, ses ordres absolus et insensés !

Un seul homme est responsable et coupable de toutes les erreurs, de tous
les crimes du dernier Gouvernement ; et il ne s'agit ni d'accuser ni de défendre
ses instrumens, lorsque, par le privilége du rang auquel il s'était élevé, par
la crainte même du mal qu'il eût pu faire encore s'il eût été réduit au déses-
poir, il a échappé à la juste vengeance que demandaient tant de trésors, tant
de sang, prodigués pour le malheur de l'humanité.

Les Ministres du Roi me paraissent avoir parfaitement senti la délicatesse
de leur position ; ils ne blâment, ils ne louent aucun individu : ils marchent
d'un pas ferme entre ces deux écueils ; ils n'accusent aucun agent ; ils n'en
nomment, n'en indiquent même aucun. J'ai vainement cherché dans leurs discours une allusion ; les instrumens ont disparu à leurs yeux : ils ne considèrent
que les causes et les résultats ; ils les exposent avec sincérité, tels qu'ils les
voient et tels qu'ils sont. Si leur modération avait besoin d'éloges, elle n'en
pourrait trouver un plus réel que celui d'avoir excité les plaintes opposées de
l'anonyme et de M. *Ganilh*, sans avoir mérité ni les unes ni les autres aux
yeux du lecteur impartial et désintéressé.

Je me suis peut-être trop appesanti sur l'examen des procédés des Ministres
de l'intérieur et des finances ; mais c'est que, nous autres créanciers, nous
craignons jusqu'à l'ombre de l'injustice et de la finesse dans les manières d'un
Ministre des finances : nous le voulons franc et loyal. Rassuré sur ce point, je
vais examiner les erreurs reprochées au Rapport par l'anonyme.

Tous les budgets publiés depuis l'an 8 lui paraissent complets et exacts ;
il prétend démontrer qu'on ne peut leur reprocher ni dissimulation ni faus-

B

seté : il reconnaît cependant que, presque chaque année, les dépenses réelles ont excédé les évaluations des budgets de 40 à 50 millions, et même, une année, de 104 millions.

Mais il prétend montrer aussi que, chaque année, les recettes ont atteint ou même dépassé les premières évaluations, et que l'équilibre a ainsi toujours été maintenu ou rétabli. En nous assurant que les guerres de 1812 et 1813 ont pu seules déranger cet admirable équilibre, il paraît de la meilleure foi du monde. Il nous indique les sources où il a puisé : *il n'a eu, dit-il, loin des affaires publiques, d'autres renseignemens que les comptes publiés ;* il n'a donc pu y voir que ce que *Buonaparte* permettait d'y mettre. D'ailleurs, il s'arrête à la masse des comptes ; il n'explique pas, sans doute parce qu'il les ignore, les expédiens employés pour offrir un équilibre apparent.

Il ne s'aperçoit pas que les comptes imprimés des ministères de la guerre, de la marine, de l'intérieur, &c., étaient incomplets et insignifians ; qu'ils présentaient le montant des ordonnances délivrées, c'est-à-dire des paiemens faits par les Ministres, et non le montant des sommes dues pour les dépenses ordonnées et effectuées, soit qu'elles fussent payées, soit qu'elles ne le fussent pas : ainsi, par exemple, tandis que j'avais fait un service de 600 mille francs, je figurais dans ces comptes pour les 300 mille francs seulement qui avaient été ordonnancés à mon profit, et le surplus de ma créance n'était porté dans aucun compte ministériel. L'anonyme est dupe de ce prestige. Il passe sous silence les banqueroutes faites presque chaque année, les retards, les refus, les rejets, les réductions des créances, et enfin les inscriptions de leurs faibles restes échappés aux liquidations et aux liquidateurs. Mais il ne peut entraîner dans son erreur un créancier des ministères qui retrouve dans ses bilans toutes les traces des banqueroutes, soit patentes, soit cachées, répétées depuis vingt-cinq ans.

Que nous importe en effet que vos budgets, que vos comptes se balancent sur le papier, si vous avez laissé en dehors et sans moyens de paiement nos créances les plus légitimes ! N'avons-nous pas le droit de vous taxer d'injustice, de fausseté, si, méconnaissant nos droits, vous nous avez fait éprouver des délais interminables, des réductions arbitraires, par le beau motif qu'il fallait renfermer les paiemens dans les limites des budgets qu'il vous avait plu de fixer ! Qui pourrait calculer la somme des capitaux détruits par ces refus de paiemens ! Cet équilibre, maintenu par notre ruine, n'est que le voile sous lequel on a caché les erreurs volontaires dont nous avons été les victimes ; et comment qualifier la confiance avec laquelle les partisans de l'ancienne administration cherchent à nous couvrir de ce voile, comme s'il nous était encore défendu de le déchirer et de faire entendre nos plaintes !

Avec quelle satisfaction n'avons-nous pas dû voir les Ministres du Roi rétablir le Budget sur sa véritable base ; nous annoncer que dans les recettes *ils se garderaient sur-tout des exagérations qui sont les plus dangereuses erreurs ; que dans les dépenses ils comprendraient les consommations réelles ; qu'aucun arriéré ne se formerait sous le règne du Roi !* Nous donner de telles assurances, nous présenter un Budget qui laisse espérer réduction de dépense, accroissement de recette, c'était le seul moyen de rassurer les créanciers de l'État, de faire du Budget, jadis leur effroi, le gage de leur sécurité, et de fonder le crédit sur ce même Budget jusque-là l'instrument du discrédit.

Mais l'anonyme fait un autre oubli : il a perdu de mémoire que, depuis le commencement de la révolution, et sous le gouvernement impérial sur-tout, les armées françaises ont plusieurs fois conquis et occupé pendant plusieurs années l'Allemagne, la Hollande, l'Italie, l'Espagne ; que les énormes recettes qui ont été faites dans ces pays, que les dépenses qu'ils ont supportées, n'ont été comprises dans aucun budget, et qu'il y a par conséquent telle année où le budget a été fautif de 100 ou 200 millions par cette seule omission.

Cette omission est d'autant plus essentielle, que l'occupation et le pillage des pays voisins de la France étaient la base principale des finances de l'ancien Gouvernement, et son plus puissant moyen de balancer ses budgets. Il jetait à volonté, sur un territoire étranger, deux ou trois cent mille hommes qui y vivaient à discrétion, et ne coûtaient plus rien aux finances : bientôt même il poussa l'art de la rapine jusqu'à faire, d'une armée qui, pour tout Gouvernement, n'est qu'une cause de dépense, un moyen de recette. Il élevait les contributions de guerre à un tel taux, qu'après avoir fait payer et nourrir ses armées, il faisait verser des sommes considérables dans les coffres de son domaine extraordinaire. Ces recettes n'étaient pas comprises dans les budgets : quelquefois cependant il abandonnait une partie du fruit de ces spoliations pour rétablir l'équilibre des budgets de recette, et par l'oppression et le pillage des contrées voisines il subvenait aux dépenses qui n'étaient pas comprises dans les budgets.

Tel était le grand ressort des finances de *Buonaparte* ; et au moment où il a échappé de ses mains, tout son système de finances et son sceptre se sont brisés.

Et dût-on me railler de trop voir, de tout voir dans les budgets, je dirai que j'y découvre le secret de sa politique et la cause de sa chute.

Tourmenté d'une ambition et d'une avidité insatiables, il s'était placé dans la vicieuse alternative d'augmenter ses dépenses pour accroître ses armées, et d'augmenter ses armées pour subvenir à ses dépenses. Suivons la marche de ses guerres.

Vers la fin de l'an 13, l'armée de Boulogne préparée pour l'Angleterre, qui se montrait peu disposée à la recevoir et à la payer, fut portée en Allemagne, parce que les dépenses de l'an 12 avaient dépassé les évaluations de 104 millions, suivant le calcul de l'anonyme, et parce que l'an 13 aurait éprouvé un déficit beaucoup plus considérable, si les derniers mois de la solde des armées et un grand nombre d'autres dépenses n'eussent été payés aux dépens de l'Allemagne envahie en vendémiaire de l'an 14.

Cette invasion de l'Allemagne et les guerres qui en furent la suite, rétablirent l'équilibre en 1806 et 1807 ; mais, pour le maintenir, il fallait ou licencier ou porter ailleurs qu'en France, où on ne pouvait ni les nourrir, ni les payer, les armées retirées d'Allemagne : les guerres de Portugal et d'Espagne furent entreprises.

L'Espagne ne se laissa pas impunément pressurer et ravager ; il fallut fournir des fonds aux armées qui l'occupaient : de nouvelles armées levées en France allèrent chercher ces fonds en Allemagne, et l'équilibre se rétablit encore.

L'Espagne, toujours rebelle, refusait les tributs que l'Allemagne épuisée ne pouvait plus fournir, et l'insensé alla courir à Moscow, croyant frapper au cœur l'empire Russe, dont l'étendue et les déserts défiaient ses armées et ses collecteurs de contributions extraordinaires, espérant y saisir rassemblées les richesses de l'Europe et de l'Asie ; il ne trouva qu'un monceau de cendres ; il perdit ses armées, ses trésors : l'Allemagne soulevée refusa tout tribut, et le poids entier des dépenses de la guerre retomba enfin sur la France.

Un moyen de salut pour les finances naissait de l'excès même de ces malheurs. Les armées avaient été détruites ou considérablement affaiblies : la France aurait pu suffire aux besoins de la paix ; elle fut refusée. De nouvelles armées furent créées. Afin de pourvoir à tant de dépenses, il fallut épuiser toutes les caisses, violer tous les dépôts, consommer jusqu'aux fruits des guerres précédentes accumulés au domaine extraordinaire, et élever toutes les contributions à un excès insupportable. L'insuffisance de ces moyens pour faire tête à l'Europe entière, le mécontentement des peuples excédés des surcroîts de contributions arbitraires ajoutés à tant de vexations et de maux, et l'épuisement des finances, ont amené la chute du tyran.

Que l'on cesse de vanter comme un chef-d'œuvre de fidélité et de combinaison financière l'exactitude avec laquelle l'équilibre était conservé dans les budgets. Je crois avoir démontré que les expédiens employés pour y parvenir étaient la ruine des créanciers légitimes, l'oppression et le pillage général de l'Europe.

C'est avoir fait grâce à un pareil système que de ne lui avoir reproché que l'inexactitude et la fausseté. Le déficit qu'il a amené, était inévitable ; il était imminent chaque année, et devait se réaliser l'année où les armées françaises seraient forcées de rentrer sur le territoire français. La paix seule suffisait pour amener ce déficit, et pour enlever les moyens constamment employés pour le combler. Cette conviction était un des motifs qui entraînaient le chef du Gouvernement à repousser la paix avec tant de constance.

Que l'on ne vienne pas s'étonner qu'après vingt ans de guerre, les finances de la France ne présentent qu'un déficit d'un milliar trois cents millions. Cette somme n'est que la moindre partie du déficit réel de ces vingt années.

Le déficit réel se compose de tout ce que les banqueroutes ont enlevé aux créanciers de l'État et aux fortunes particulières, de tout ce que la guerre ou plutôt le brigandage a fourni aux finances, de toutes les dépenses que l'Allemagne, la Hollande, l'Italie, l'Espagne et le Portugal, ont supportées à la décharge des finances de la France.

Qui osera en faire le calcul !

La France a eu vingt années de guerre; mais elles ont été pour les finances vingt ans de conquêtes et de recettes extraordinaires dissimulées dans les budgets.

La guerre n'a pesé sur les finances qu'à partir de novembre 1812, et nous voyons l'état où moins de deux années les ont réduites.

Il y a quelque générosité au Ministre des finances du Roi d'avoir négligé les faits que nous venons de rappeler, et les conséquences qu'il pouvait en tirer, pour ne s'occuper que du déficit de 1812 et de 1813, qu'il fallait bien montrer puisqu'il s'agissait d'y pourvoir.

Je conviens qu'un budget n'est qu'un aperçu, lorsqu'il est projeté au commencement de l'année; mais, lorsqu'il est réglé à la fin du onzième mois, on peut en exiger de l'exactitude, puisqu'il doit, pour les dix premiers mois, être un compte rigoureux. Or, je remarque que le budget de 1813 a été réglé le 26 novembre 1813 ; et quatre mois après il présentait un déficit de.. 278,000,000^f
quoique le décret du 26 novembre eût déjà pourvu à un déficit de 109,000,000.
et rectifié d'autres évaluations pour...................... 41,000,000.

Il me paraît difficile de soutenir l'exactitude d'un bugdet qui offre des erreurs pour................................... 428,000,000, et un déficit de 278 millions, après avoir été rectifié à la fin du onzième mois.

Lorsque les résultats sont si monstrueux, que gagnerez-vous à chicaner pour quelques millions ! Vous en contestez, en tout et à tort, quinze ou vingt. Je vous en accorde trente. La somme des erreurs restera de 400 millions, et le déficit de 250 millions sur l'année 1813 seule.

Ce déficit était d'autant plus dangereux, et il était d'autant plus essentiel de le faire remarquer, que les dépenses de 1813 et de 1814 avaient marché d'un pas plus rapide que les recettes, et les dépassaient déjà de 180 millions au 1.er avril dernier.

Enfin, il était facile, au 4 janvier 1814, de prévoir que le budget de 1814 ne pourrait fournir 1,245,800,000 francs de recettes, ni subvenir à pareille somme de dépenses.

Arrêter, au 26 novembre 1813, le budget de 1813, à 1,150,000,000 fr.; arrêter, au 4 janvier, celui de 1814, à 1,245,800,000 fr., c'était en imposer à la Nation, et encourir le juste reproche de dissimulation et de fausseté. Le chef du Gouvernement le savait ; les Ministres ne l'ignoraient pas : leurs représentations auraient été mal reçues, il fallait obéir ; et ils ne peuvent que blâmer avec moi l'imprudent anonyme qui, en parlant de ce qu'il ignore, tend à disculper le chef du Gouvernement aux dépens de ses Ministres.

L'anonyme, qui veut absolument tout justifier, soutient qu'il était tout simple de prendre et de manger (*car*, dit-il, *détourner et dévorer, dénotent de la passion*) tous les fonds des dépôts confiés aux caisses publiques ; que le besoin, la nécessité, excusaient tout. Ce n'est pas à moi, qui, au lieu d'avoir reçu moitié de mes créances, n'aurais peut-être touché que le quart, si l'on eût respecté les dépôts, à quereller ces principes commodes ; je laisse l'anonyme aux prises avec M. *Ganilh*, qui n'entend pas raillerie sur ce point, et veut absolument mettre tout le monde en accusation, afin que l'on *distingue les innocens des coupables*, que l'on connaisse *le scandale de l'ordre spoliateur et celui de l'exécuteur timide ou intéressé*. J'ai fait à cet égard ma profession de foi. Je ne connais qu'un seul coupable, et je tiens pour très-habile tout Ministre qui a fait payer, aux dépens de qui il appartiendra, plus qu'il n'a reçu du budget. On ne doit blâmer et faire punir que ceux qui payent moins qu'ils ne reçoivent. Mais il doit être permis aux Ministres du Roi de faire connaître l'étendue des sommes détournées des caisses avant leur administration, dont le nouveau Gouvernement n'a pas profité, et dont il reste chargé de payer les intérêts et de rembourser le capital.

On prétend que les fonds de la caisse d'amortissement consacrés à éteindre la dette publique, ont pu être, au gré du chef du Gouvernement, employés au service du trésor. Oui, sans doute, en méconnaissant le but de cette institution, en violant toutes les lois, en manquant à la foi publique, en oubliant jusqu'aux premiers élémens de cette science du crédit, qu'on dit si facile et si commune aujourd'hui, quoique depuis vingt-cinq ans les règles et les devoirs qu'elle impose aient été constamment méconnus, quoique le Ministre, qui le premier ose nous en révéler solennellement les élémens, et en tenter en grand un essai, semble nous parler une langue étrangère, et ne soit pas entendu.

J'imiterai la réserve du Ministre, qui ajourne ses plans d'amortissement, et celle de l'anonyme, qui diffère la révélation de ses vues sur cette matière. Je ne répondrai qu'au fait qu'il cite : *Sous le rapport même de l'amortissement de la dette*, dit-il, *la caisse d'amortissement n'a pas été entièrement inutile, puisqu'elle possède encore 3,600,000 francs de Rentes qu'elle a acquises.* Cela est affirmé avec assurance : eh bien, croirait-on que non-seulement la caisse d'amortissement n'a pas acquis ces Rentes, mais qu'au contraire elle en a vendu qu'elle n'avait pas achetées ! Je le prouve, les lois à la main.

La loi du 24 avril 1806 a créé, au profit de la caisse d'amortissement, une Rente de 3 millions sur le grand-livre. La loi du 15 janvier 1810 a ouvert un crédit, en Rentes, de 4 millions, sur lesquels 2 millions ont été donnés à la caisse d'amortissement en échange de ses bons. Il a donc été inscrit au nom de la caisse d'amortissement, par création, 5 millions de Rentes. Il ne lui en reste que 3,600,000 francs.

La caisse d'amortissement, loin de diminuer la dette publique, a donc servi à l'accroître de 1,400,000 francs de Rentes, lesquelles, avec toutes les Rentes qu'elle avait précédemment achetées, ont été cédées au Sénat et à la Légion d'honneur en échange de domaines, situés pour la plupart en Allemagne, en Hollande, en Italie.

Il est vrai, nous dit-on, que si nous eussions conservé ces pays, nous en eussions recouvré les revenus et vendu les domaines. Mais, aveugles incurables, ne voyez-vous donc pas encore que tout votre système de finances, lié à un système d'usurpation qui ne pouvait avoir qu'un temps, placé sur ce fondement ruineux, loin de lui servir d'appui, de lui porter secours, en recevait toute sa valeur, et devait crouler avec lui !

Relativement à l'arriéré, les *Observations* vont plus loin que le Rapport du Ministre des finances du Roi, puisqu'elles portent l'arriéré exigible à

888,456,000 fr., tandis que le Ministre ne l'établit qu'à 805,165,000 francs.

Si l'on prétendoit discuter, critiquer chaque partie de cet arriéré, et exiger, *après moins de trois mois*, des comptes détaillés et complets, les Ministres du Roi pourraient répondre : « Adressez-vous aux Ministres de *Buonaparte*, et » laissez, pour présenter les comptes d'une année de troubles et de malheurs, » le délai ordinairement accordé dans les temps d'ordre et de calme (1).

» Voilà nos calculs, voilà l'état des choses, tel que nous l'apercevons *après* » *moins de trois mois*, à travers les brouillards et l'obscurité des temps qui nous » ont précédés. Nous ne vous donnons que des évaluations; c'est lorsque nous » aurons administré, que nous devrons vous présenter des comptes, et justifier » de leur exactitude.

» Nous ne sommes pas responsables des désordres du Gouvernement précé- » dent; et nous ne nous flattons pas d'avoir pu, *en trois mois*, en reconnaître » l'étendue, lorsque le besoin de les réparer appelait nos premiers soins. »

Les *Observations supplémentaires*, ajoutées après la publication du Rapport du Ministre des finances, offrent plusieurs articles nouveaux.

La première *observation* sur 1810 et 1811 serait peu importante en elle-même, si elle ne renfermait une erreur singulière, détaillée avec complaisance.

Le Ministre des finances du Roi présente l'exercice 1810 comme balancé.

Cet exercice a fait bien plus, dit l'anonyme; *il a fourni un excédant de recette de 7,768,545 fr., lequel, appliqué à 1811, couvrira le déficit de 6,302,414 fr.: ainsi double erreur.*

J'ouvre le dernier compte de l'ancien Ministre, État C, *page 12*, exercice 1811, et j'y remarque cet article :

Recette (décret du 15 janvier 1812). *Sommes rentrées*..... 8,556,000 fr.

Cette énonciation est énigmatique; mais je me rappelle avoir lu, dans quelque compte antérieur, que le décret du 15 janvier 1812 avait ordonné de porter à 1811 les excédans de recette de 1810. Ces excédans sont donc portés

---

(1) Les comptes imprimés pour les quatre dernières années ont été arrêtés et publiés aux époques et dans les délais ci-après :

1809. Arrêté au 1.ᵉʳ avril 1811, publié en juillet 1811........... — 18 mois de délai.
1810. Arrêté au 1.ᵉʳ avril 1811, publié en juillet 1811........... — 6 mois de délai.
1811. Arrêté au 1.ᵉʳ janvier 1813, publié en mars 1813........... — 14 mois de délai.
1812. Arrêté au 1.ᵉʳ octobre 1813, devait être publié en décembre 1813. — 11 mois de délai.

Y a-t-il motif d'accuser les Ministres du Roi de retard ! Et pourrait-on exiger, toutes choses supposées égales d'ailleurs, qu'ils rendissent, *en trois mois*, des comptes pour lesquels il a été accordé aux Ministres de *Buonaparte* jusqu'à *dix-huit mois !*

en

en recette pour une somme supérieure au calcul de l'anonyme, qui n'a pu deviner cette énigme, ou qui en a perdu le mot.

Il est donc vrai de dire que l'exercice 1810 est balancé, et qu'il n'y a plus rien à en espérer pour atténuer le déficit de 1811.

L'anonyme veut bien nous assurer que les *centimes extraordinaires n'ayant été demandés qu'à cause de la guerre, cette perception aurait naturellement cessé à la paix,* Est-il assez imprudent!

Quel est le garant de sa parole! A-t-il emporté le secret du ministère! et s'il avait lu dans la pensée de son maître, n'y aurait-il pas vu tout le contraire! Je ne partage ni les espérances ni les regrets de l'anonyme sur les douceurs dont la paix impériale nous eût fait jouir.

Les centimes extraordinaires avaient été demandés, parce que l'Espagne, parce que l'Allemagne refusaient leurs tributs, parce que les dépenses de la guerre, retombées à la charge de la France, excédaient les revenus. Si l'on peut supposer que *Buonaparte* eût consenti à réduire ses armées à deux cent mille hommes, on pourra croire que les centimes extraordinaires auraient été supprimés ; mais si l'on suppose qu'il eût voulu conserver seulement quatre cent mille hommes sous les armes en France, au moment où, par la paix, l'Europe aurait cessé d'être tributaire, il aurait été indispensable de maintenir toutes les contributions extraordinaires, et nécessaire de les accroître : une augmentation continuelle de charges était la seule perspective que le dernier Gouvernement offrît aux contribuables.

Déjà le Ministre des finances du Roi propose de réduire de 81,581,000 fr. la charge imposée en 1814 par les contributions directes sur les quatre-vingt-six départemens, et l'on se hâte de déclarer que *Buonaparte* aurait fait bien davantage. On déplace la comparaison : on nous apprend qu'en 1812, dont il n'est pas question, les contributions extraordinaires n'existaient pas ; mais on n'ajoute pas qu'alors les armées françaises couvraient l'Europe, et n'étaient pas à la charge des finances.

Quelle est donc cette augmentation dont on nous épouvante, et dont je paierai ma part! Il y a, dit-on, 26 centimes d'augmentation. On aurait dû en déduire 3 centimes ajoutés au fonds de non-valeurs et de dégrèvemens : ils seront rendus aux contribuables ; le trésor n'en profitera pas. Reste 23 centimes sur la contribution foncière, et 34 sur la contribution mobilière : ces centimes produiront environ 45 millions. Voilà donc cette surcharge dont on prétendrait nous effrayer, et sur laquelle on chicane le Ministre ; c'est-là ce qu'il en coûtera à trente millions de Français, pour être soulagés à jamais des

C

contributions extraordinaires et arbitraires, des dons volontaires et des réqui-
sitions; pour être délivrés pour toujours de la conscription, de la guerre;
pour en réparer tous les malheurs, pour satisfaire tous les créanciers de l'État,
enfin pour échapper aux fers de la tyrannie, et vivre libres et heureux sous le
meilleur des Rois.

Mais cette augmentation, pour la plus forte partie, n'est qu'apparente. La
loi prononce la suppression de tous les centimes additionnels imposés illéga-
lement dans beaucoup de communes et de départemens, et laissés en dehors
des budgets. La contribution directe, augmentée en apparence parce que le
budget renferme tout, est très-peu augmentée en réalité, parce que l'on ne
laisse rien hors du budget.

Cette augmentation prétendue est-elle sans compensation ! Les contributions indirectes seront diminuées d'une somme bien supérieure à celle que
le Ministre demande de plus sur les contributions directes. Déjà le tarif des
douanes est réduit des cinq sixièmes sur presque tous les objets, et les matières premières en sont exemptes. Le tarif des droits réunis va recevoir des
adoucissemens ; et, sans attaquer l'importante question de la prééminence des
contributions directes ou des contributions indirectes, on peut dire, avec
vérité, que la diminution des unes donne plus de moyens pour payer les autres,
sur-tout quand la diminution en somme est plus que double de l'augmentation. Or le Ministre qui demande en apparence 45 millions d'augmentation
sur les contributions directes, abandonne en réalité, aux quatre-vingt-sept
départemens, plus de 100 millions sur les contributions indirectes, puisqu'il
les estime à 130 millions, tandis qu'elles produisaient sous *Buonaparte* près
de 300 millions.

On accuse le Ministre des finances du Roi d'avoir dépouillé les anciens
exercices de leurs ressources, pour enrichir le service courant. Il est facile de
vérifier quels sont ces prétendus restans à recouvrer. Je renvoie le lecteur au
compte de 1812 : ce serait se défier de son discernement et lui faire injure,
que de détailler et expliquer ces non-valeurs évidentes; il les appréciera d'après
leur simple énonciation.

Les seuls produits réels retirés des anciens budgets, sont les coupes de
bois et les ventes des biens des communes. Mais les coupes de bois, qui
avaient été attribuées à 1813 par le budget, sont celles appelées par l'Administration des forêts, *coupes de l'ordinaire de 1814;* les adjudications n'ont été
terminées, l'exploitation n'a été commencée, les traites des adjudicataires n'ont
été souscrites et remises aux Receveurs généraux qu'en 1814; ces traites

échoient et sont payables les 31 mars, 30 juin, 30 septembre et 31 décembre 1814 : ce produit, par son origine, par les époques de sa rentrée et
par ses échéances, appartient donc à 1814 (1).

Les ventes des biens des communes, ou ne sont pas effectuées, ou ne
sont pas réalisées. Ce produit ne rentrera au Trésor que pendant les années
1815, 1816, 1817, et peut-être plus tard.

L'ancien Gouvernement n'a pu affecter ces produits à 1813, 1812 et 1811,
qu'en renversant l'ordre naturel et par une véritable anticipation, déterminée
par le besoin d'enfler les budgets courans ou arriérés aux dépens des années
à venir. C'est encore une source d'inexactitudes à reprocher aux budgets. Faire
cesser ces fictions et ces anticipations, ce n'est point dépouiller les anciens
exercices ; c'est revenir aux principes et au bon ordre, c'est restituer à chaque
année les produits qui lui appartiennent naturellement par leur origine et par
la date de leur rentrée au Trésor.

La dernière *observation* a attiré mon attention ; c'est encore une accusation
contre l'exactitude du Ministre des finances du Roi, un reproche d'injustice.
Le Ministre cite textuellement le compte de 1812, duquel il résulte qu'à
l'époque où il fut arrêté, l'exagération dans la valeur présumée des biens
communaux mis en vente avait été de 206 millions, plus de moitié. Et parce
que, pendant les neuf mois suivans, 5 millions de nouvelles découvertes ont
réduit l'exagération à 201 millions, on crie à l'injure, à la calomnie! Je passe
condamnation sur ces 5 millions, qu'un autre pourrait contester : je ne veux
pas chicaner ; mais on ne peut refuser à ce prix de reconnaître une exagération
définitive de 201 millions. C'est bien assez sur une estimation de 370 millions.

Je ne puis être de l'avis de l'anonyme sur la légèreté avec laquelle il ajoute à
la valeur des prises de possession, 23 millions pour les bénéfices à réaliser, même
sur les biens restés à l'étranger. Le Ministre des finances, plus prudent, ne
compte que les bénéfices réalisés ; il porte les ventes restant à faire pour
68,450,000 fr., au prix de l'estimation. Si j'en juge par les ventes faites dans mon
département, on aurait pu dire que l'ancienne administration avait vendu les plus
beaux et les meilleurs biens ; que les trois quarts de ceux restant à vendre
étaient contestés, ou avaient été mis plusieurs fois en vente, et n'avaient pas

---

(1) L'anticipation que le Ministre fait cesser, remonte à l'exercice 1806, auquel on a attribué
deux coupes de bois, la coupe terminée et payée en 1806, qui lui appartenait, et celle terminée
et payée en 1807, qui appartenait à 1807. Cette anticipation s'est perpétuée d'année en année. Le
Ministre des finances, en la faisant cesser, restitue à chaque année la coupe qui lui appartient naturellement.

trouvé d'acquéreurs, malgré la réduction autorisée du cinquième de l'estimation. Le Ministre des finances du Roi me paraît donc avoir raison de ne calculer aucun bénéfice; et il aurait été fondé à annoncer que la perte sur les biens
restant à vendre pourrait diminuer ou absorber le bénéfice obtenu sur l'élite
de ces biens vendus les premiers.

J'ai oublié de faire remarquer une singulière *observation*. Le Ministre des
finances porte *intégralement* en recette les *contributions directes ordinaires* : l'anonyme le saisit sur le fait; il copie une phrase, et reproche de l'exagération à cette
estimation. Qu'il veuille bien lire la phrase suivante, *page 23*, et l'état n.° 5 ;
il y verra *que les contributions extraordinaires ne sont portées que pour mémoire; que
cependant le Ministre en attend, dans les départemens restés intacts, des recouvremens
suffisans pour couvrir les non-valeurs sur les contributions ordinaires dans les départemens ravagés.* Ces non-valeurs sont donc prévues, et elles seront couvertes.

Je ne reviens pas de ma surprise; je m'écrie avec l'anonyme, mais avec plus
de motif: *Je laisse à juger de quel côté se trouve ici l'inexactitude ou la bonne foi.
Il ne m'a pas fallu faire un volume pour reconnaître et montrer tout ce que ces
étranges observations renferment d'inexactitudes.* Je regrette qu'elles n'aient pas
éveillé mes craintes et provoqué mes vérifications sur d'autres points ; mais,
ayant trouvé l'anonyme en défaut sur les articles les plus importans, comme
sur les moindres détails et sur les simples citations, il me semble que le Rapport du Ministre des finances du Roi sort victorieux de cette épreuve, et que
ma confiance doit s'en accroître, en attendant l'épreuve plus sérieuse à laquelle
je vais bientôt le soumettre.

Réflexions de M. Ganilh. — *Du Budget des Recettes.*

Un autre antagoniste s'est présenté, et s'est nommé. M. *Ganilh*, ex-tribun,
auteur de deux ouvrages sur l'économie politique, a publié des *Réflexions sur*
ou plutôt *contre le Budget de 1814.* Il critique et blâme tout sans exception.

Je voudrais aborder avec gravité l'auteur de quatre gros volumes sur l'économie politique : quel respect ne lui dois-je pas, moi qui, depuis que je
m'occupe de l'étude de cette haute science, n'ai pas osé écrire une seule ligne,
et qui, pour la première fois, livre au public quelques pensées jetées à la
hâte sur le papier !

Avec les meilleures intentions, avec des vues étendues, au milieu de pensées justes et profondes, les doutes continuels, les calculs hasardés, les plans
chimériques, les projets intempestifs de M. *Ganilh* ont souvent déconcerté

ma gravité, et fait de fréquentes diversions à l'admiration qu'il m'a quelquefois inspirée, à l'estime qui, même dans ses égaremens, lui est toujours due.

Son système est curieux, et l'analyse en est facile : Inscrire bon gré malgré l'arriéré sur le Grand-livre, pour le bonheur des créanciers et pour mériter leurs bénédictions ; réduire ou même supprimer les contributions directes, et rayer ainsi 340 millions de recette, pour enrichir le trésor et faciliter le service ; oublier l'enregistrement, les postes, les loteries ; doubler, tripler les droits réunis, les douanes ; établir de nouvelles contributions indirectes, pour favoriser la richesse et la félicité, et pour répondre aux vœux des peuples.

Cette analyse, toute plaisante qu'elle est, est rigoureusement exacte, et vaut presque une réfutation.

M. *Ganilh* répand ses doutes sur tout, même sur ses propres principes ; il ne fait grâce de ses critiques qu'à ce qu'il oublie : heureusement il oublie beaucoup.

Son ouvrage est intitulé, *Réflexions sur le Budget de 1814* ; et dans ses *réflexions*, il n'y a pas un seul mot sur le Budget de l'année 1814. M. *Ganilh* ne s'occupe que du Budget de *l'année 1815*, et des moyens de paiement pour l'arriéré. Il omet entièrement la régie de l'enregistrement, la loterie, les postes, auxquelles rien de ce qu'il dit n'est applicable. Ces omissions sont sans doute l'effet de la précipitation, presque obligée dans un travail qui doit tirer son principal mérite de l'à-propos. C'est sans doute aussi à cette cause qu'il faut attribuer plusieurs erreurs que je releverai, et plusieurs phrases obscures et contradictoires que je ne releverai pas, parce que, travaillant également sous l'empire de la précipitation, j'ai besoin de la même indulgence.

Le Ministre espère, et tout homme qui aura étudié et compris ses plans partagera cette espérance, qu'en 1815 les revenus de la France excéderont les dépenses ; mais cette heureuse situation ne sera atteinte qu'après avoir raffermi le crédit public en assurant le paiement de tous les créanciers, qu'après avoir traversé l'année 1814 (par-dessus laquelle M. *Ganilh* saute à pieds joints), et qui offre l'effrayant aspect de 520 millions de recettes pour subvenir à 827 millions de dépenses : l'excédant de revenu sur 1815 n'est pas encore assuré ; il ne pourra être obtenu que par la fidélité envers les créanciers de l'État, et s'ils ne sont pas sacrifiés à de petites vues ou à des projets mal digérés.

M. *Ganilh* effleure une grande question, celle de la prééminence des contributions indirectes sur les contributions directes : nous ne nous engageons pas dans cette discussion inopportune en ce moment. Quelle que soit, sur ce point, l'expérience de nos voisins, qui semble décisive ; quels que soient les conseils d'une saine théorie, il faut prendre les choses dans l'état où elles sont. Les contributions indirectes, quoique favorables à l'accroissement de la richesse, sont repoussées en France par l'opinion la plus générale, et le peuple en maint endroit est en révolte contre elles. Certes, le moment serait mal choisi pour les augmenter et les multiplier : elles n'offriraient qu'une ressource plus que précaire.

Les contributions directes, au contraire, se recouvrent par-tout avec facilité et à peu de frais ; elles sont dans les habitudes du peuple et des propriétaires.

L'enregistrement marche d'un pas toujours égal, et à chaque mutation prend sa part des capitaux qui changent de mains ; mais les particuliers qu'il atteint rarement, isolément, lorsqu'ils recueillent un avantage ou lorsqu'ils font une opération agréable ou utile, ne songent pas à lui résister, et ne peuvent lui soustraire qu'une partie de ses droits.

Le Ministre, en fondant son Budget sur les contributions directes et sur l'enregistrement, les seules contributions dont les produits soient certains, me paraît avoir fait un acte de sagesse, quels que soient d'ailleurs ses principes en matière de contributions. Il m'aurait effrayé, il aurait mérité le reproche de novateur indiscret, il aurait détruit tout crédit et compromis le service de l'État, s'il eût adopté le plan de M. *Ganilh*, s'il eût renversé les revenus certains pour se fier à des innovations.

Il ne me paraît ni avoir adopté le système outré des économistes sur l'imposition unique, parce qu'il conserve les contributions directes, ni avoir renoncé aux contributions indirectes, parce qu'il ne leur demande que ce qu'elles peuvent produire sans vexer et soulever les peuples. On pourrait tout au plus conclure de cette louable réserve, qu'il n'a pas encore indiqué son système à l'égard des contributions, qu'il conserve tout ce qui est utile, qu'il ne détruira qu'avec prudence, qu'il attend les conseils de l'expérience, qu'il prépare avec lenteur des améliorations infaillibles.

Que M. *Ganilh* se rassure donc ; qu'il attende : tout ne doit pas être exécuté en trois mois, sous peine de n'être jamais fait. Un budget ne doit pas être un traité d'économie politique. Un homme d'état qui veut mériter cette haute qualification, ne substitue pas étourdiment et brusquement, sans nécessité, ses plans, ses projets, ses idées, aux longues habitudes de l'administration, à la routine des contribuables ; il respecte jusqu'aux préjugés utiles : il sait qu'une contribution payée sans murmure, quelque anti-économique qu'elle puisse être, vaut mieux pour le Trésor que celle qu'il s'agit d'établir.

Je veux rassurer M. *Ganilh* sur un article important. *Nous n'avons*, dit-il, *pour payer la totalité des contributions de 1814, et les trois quarts de celles de 1815, que la récolte de 1814.* Où a-t-il vu que la récolte de 1813 fût consommée en entier! On n'a pas encore entamé celle de 1814, et cependant personne n'est mort de faim : les magasins, les marchés, regorgent de blé ; ils suffiront à tous les besoins. La récolte de 1815 ne sera pas ajournée jusqu'au mois de décembre, et pourra aider aussi au paiement des contributions des derniers mois de 1815.

Un mot sur une petite erreur :

Les contributions directes de 1811 étaient, dit M. *Ganilh*, de 304,950,000^f

Il faut y ajouter, et il oublie, environ............... 100,000,000, pour les centimes additionnels aux contributions directes portés aux fonds spéciaux, et pour les contributions directes de la Hollande, des départemens anséatiques, de l'Illyrie; dont les revenus sont portés, dans des chapitres particuliers, dans le budget de 1811, et n'ont été fondus dans les chapitres généraux qu'en 1812. Cette rectification doit changer quelque chose aux comparaisons, aux calculs et aux conséquences présentés dans les *Réflexions*.

M. *Ganilh* va jusqu'à craindre que le *pivot* du Budget ne se brise ; il ne voit, dans le Budget proposé, aucun remède à cet inconvénient ; il lui faudrait un *pivot* de rechange et deux budgets. Qu'il se rassure, le *pivot* du Budget ne se brisera pas ; nous n'avons plus à craindre ni l'invasion, ni la famine, ni la peste : ce ne serait pas au Ministre des finances à prévenir, à détourner ces malheurs. Nous avons de plus sûrs garans de sécurité dans la sagesse, dans la haute prévoyance du Monarque que le Ciel nous a rendu tout exprès pour nous préserver de ces maux.

De la Liquidation et du Paiement de l'Arriéré.

Lorsque M. *Ganilh* émet son opinion sur la libération de la dette exigible, il attaque les créanciers de l'État bien plus que le Budget ; il veut que tout ce qu'on leur doit, soit forcément converti en Inscriptions sur le grand-livre; il prétend qu'ils doivent se trouver trop heureux de recevoir 60 à 70 pour cent au plus de leurs créances, et beaucoup moins certainement ; car qui sait où s'arrêterait le discrédit, si l'on créait tout-à-coup 40 millions de nouvelles rentes, en ne leur promettant qu'un fonds d'amortissement de 32,500,000 fr. hypothéqué sur un surplus de revenu incertain et éloigné, et qui ne pourrait commencer à agir que dans dix-huit mois ?

D'après les principes du crédit public, on ne doit payer en rentes, ou emprunter sur des rentes *qu'en les donnant au cours*. De long-temps nos préjugés ne permettront une pareille opération ; on l'appellerait un scandale. Notre crédit, dans son état actuel, ne pourrait peut-être pas la supporter ; mais il supporterait encore moins une consolidation forcée ou une inscription générale de l'arriéré avec un fonds modique d'amortissement *incertain et éloigné, qui ne pourrait commencer à agir que dans dix-huit mois ;* jusque-là, le discrédit serait extrême et sans remède.

Le paiement en Cinq pour cent consolidés ne sera juste et praticable que lorsque la rente aura atteint le pair ; on ne peut y parvenir qu'en relevant le crédit : tel me paraît être l'objet des moyens extraordinaires.

Je puis me tromper, mais il me semble que l'on peut considérer les moyens extraordinaires comme un fonds considérable d'amortissement destiné à rétablir le crédit et à rendre à tous les effets publics, et par conséquent aux Cinq pour cent consolidés, leur valeur nominale et originaire ; afin que les Cinq pour cent puissent alors devenir ou un moyen juste de conversion des Obligations, ou, avec les 300,000 hectares de forêts, un moyen facile d'emprunt pour obtenir à l'intérêt de cinq pour cent les fonds nécessaires au remboursement des Obligations à huit pour cent, ou la réduction de cet intérêt.

Les Obligations du Trésor royal ne me paraissent qu'une mesure provisoire, un moyen transitoire de parvenir avec honneur, sans dommage pour les créanciers, et librement de leur part, au but vers lequel des Administrateurs inexpérimentés se seraient précipités à travers la honte et les malheurs inséparables d'une Banqueroute. Tant il est vrai que c'est beaucoup moins la différence des moyens que la différence des manières d'en user qui, dans l'administration comme dans la guerre, dans tous les rangs, dans toutes les classes, distingue l'homme habile !

Les vues qui précèdent sont, j'en conviens, hasardées, et elles anticipent sur les développemens qui vont suivre : le lecteur doit suspendre son jugement.

Quant à tous ceux qui prêchent l'inscription forcée de la dette exigible sur le Grand-livre, sans chercher à les élever jusques aux considérations qui précèdent, où ils ne voient qu'une complication inutile, parce que leur intelligence n'a pu les pénétrer, je leur répondrai : Si vous croyez ne devoir aucun ménagement aux créanciers de la dette exigible, devriez-vous envelopper dans la même ruine tous les créanciers inscrits, et faire retomber sur eux le discrédit qui résulterait d'une création forcée et illimitée de Cinq pour cent consolidés ! Combien je préfère la proposition du Ministre, qui a ménagé tous les

intérêts,

intérêts , respecté tous les droits , et dont les plans, dès qu'ils ont été connus, ont amélioré le capital de tous les créanciers inscrits et non inscrits !

Ce sort que vous réclamez pour nous comme une faveur, on nous l'accorde ; c'est la condition la moins favorable qui nous soit offerte : si nous la préférons, elle nous est assurée. Pourquoi voulez-vous empêcher le Ministre des finances de faire mieux que vous n'auriez fait !

Il ne peut faire trop ; il ne fait même pas assez, puisqu'il ne paie pas comptant des créances exigibles : nous acceptons avec reconnaissance les dédommagemens qu'il nous offre , les espérances qu'il nous laisse entrevoir , et nous repoussons votre zèle pernicieux qui veut nous en priver.

M. *Ganilh* parle de prendre pour base du paiement de l'arriéré les crédits fixés par *Buonaparte.* Que veut-il dire ! S'agit-il des 1,150,000,000 fr. et des 1,245,800,000 fr. de crédits fixés pour 1813 et 1814 ! Qu'ont-ils de réel ! Qu'ont-ils de commun avec l'arriéré actuel ! Que signifie même une fixation pour l'arriéré des dépenses d'un Gouvernement qui n'est plus , de Ministres qui ont cessé leurs fonctions !

Les fixations de crédits sont nécessaires pour le service courant , parce qu'il faut poser des limites que les Ministres ne puissent franchir sans en démontrer la nécessité, ou sans en être responsables ; mais pour un arriéré dont le montant n'est pas connu, et qui ne peut être augmenté, une fixation de crédit est inutile et dangereuse : inutile, parce qu'il faut payer tout ce qui est dû ; dangereuse, parce qu'elle peut faire craindre une insuffisance.

M. *Ganilh* veut rétablir les commissions de liquidation , dont le nom seul nous épouvante à trop juste titre. Il accorde plus de confiance à des liquidateurs qu'à des Ministres , comme si les Ministres ne devaient avoir ni assez d'autorité, ni assez de lumières, pour prévenir et réprimer les abus. Il voudrait, dans un budget, dans une loi , voir un réglement de discipline pour les bureaux; il ne croit les d'abus possibles que dans les bureaux des Ministres. Qu'il accorde aux Ministres du Roi plus d'estime ; qu'il leur suppose de la capacité et de la probité : les inconvéniens qu'il prévoit disparaissent , les craintes qu'il se forge sont dissipées.

De l'Émission et du Rachat des Obligations.

M. *Ganilh* ne met pas de terme à ses alarmes; il ne s'arrête pas devant les plus odieuses suppositions ; et de conséquence en conséquence, dominé dans tous le cours de ses *réflexions* par son ardente imagination, il est enfin

D

emporté au-delà de toutes les bornes. Il voit *le danger le plus imminent pour le Roi , pour l'État ,* dans une mesure de crédit qui n'a d'autre but et ne peut avoir d'autre résultat que le salut et le paiement des créanciers. Il voit le *Ministre armé de 200 à 300 millions, faisant tête à tous les joueurs, les ruinant, les enrichissant à son gré , s'emparant de la fortune publique , des fortunes particulières, inquiétant le Monarque sur son trône, introduisant la corruption parmi les Représentans du peuple , s'emparant de la puissance royale et donnant des lois à la France !!!*

Ce ne sont pas là des raisonnemens, mais des déclamations, des hyperboles, auxquelles il me serait facile d'en opposer de semblables. Je n'insisterai pas sur ce que de telles suppositions ont d'odieux pour les Représentans , et pour le Souverain, auquel, afin de faire tomber tout cet échafaudage, il suffit de supposer le courage nécessaire pour remercier le dangereux Ministre. Je n'irai pas étaler, aux dépens de M. *Ganilh ,* le pompeux éloge d'un Roi qui, en nous inspirant l'admiration , ne nous commande que la reconnaissance et l'amour. Je supposerai que cette garantie supérieure à toutes les autres n'existe pas , et je chercherai dans la nature même des opérations le gage de notre sécurité.

Ces 200 ou 300 millions ne seront pas dans la main du Ministre en un seul jour ; ils ne seront recouvrés qu'en trois ou quatre ans. Il n'y aura donc que 50 à 75 millions au plus chaque année à la disposition du Ministre des finances , qui dispose de tous les fonds du royaume. Il disposera donc de 670 ou 700 millions , au lieu de ne disposer que de 620 millions. Il aura sous la main 5 à 6 millions de plus par mois, ajoutés à 80 ou 100 millions que doivent former les recettes courantes et les fonds de réserve du Trésor dans le cours accoutumé. Que voit-on là d'extraordinaire ou de dangereux !

Si le Roi peut sans danger, s'il doit nécessairement, qu'il y ait danger ou non , confier à un seul homme l'administration des revenus de son royaume, ne peut-il pas , sans imprudence, y ajouter l'administration d'une somme égale au douzième, ou au huitième au plus, de ces revenus ! Savons-nous, d'ailleurs, quelles mesures d'exécution et de précaution seront prescrites par le Roi et proposées par le Ministre ! Devons-nous supposer qu'il n'en sera pris aucune ! Et faut-il qu'une loi, sous peine d'être déclarée incomplète, soit un réglement d'administration qui entre dans tous les détails, ne se repose de rien sur le pouvoir exécutif, ne lui laisse aucune latitude, ne lui suppose aucune prévoyance, aucune sagesse ! Je suis loin d'applaudir à l'exemple dont M. *Ganilh* se vante avec tant de complaisance. Je vois, dans cette résistance qu'il rappelle, un tort réel, parce qu'elle était superflue et qu'elle n'a eu que de fâcheuses suites.

Il nous faut une opposition éclairée et modérée, ni inquiète, ni ombrageuse ; elle n'a pas besoin de courage. Il ne faut pas que l'ardeur de se produire, de se populariser, que le plaisir de critiquer les Ministres, la manie d'opposer des projets à leurs projets, provoquent des résistances intempestives ou inutiles : je ne suppose pas qu'il puisse en exister d'injustes et de mal fondées. Il faut profiter de l'expérience et des leçons du malheur, en usant sagement de la liberté de parler et d'écrire, que nous avons pu craindre d'avoir perdue sans retour. Il ne faut pas nous armer contre notre Roi de son propre bienfait. N'oublions pas que l'opposition, en France, sera long-temps placée entre l'Anarchie, qu'appellent les vœux impuissans et sacriléges des restes de nos agitateurs et de nos bourreaux, et entre le Despotisme, que trop de préjugés rappellent, que trop de gens sollicitent, et lequel, contre les efforts d'une aveugle et imprudente opposition, serait notre plus sûr refuge.

On déclare que *la création des Obligations du Trésor royal introduira l'agiotage le plus scandaleux ;* mais depuis vingt-cinq ans, mais de tout temps, mais en ce moment même, ce que vous entendez par agiotage n'existe-t-il pas, si vous qualifiez ainsi le commerce des effets publics et des créances sur l'État ?

Il ne s'agit pas de créer 759 millions de créances, elles existent ; mais seulement de les convertir en Obligations du Trésor royal, payables à trois ans de date. Les créances sont incertaines, sans valeur fixe ; les porteurs sont à la merci de l'agiotage le plus obscur et le plus destructif : il n'a pas d'autres bornes que les besoins des créanciers de l'État et l'avidité des agioteurs. Toute la question se réduit donc à savoir si l'on augmente cet aliment assuré à l'agiotage, si l'on détériore les créances, en leur donnant une échéance certaine, en y attachant un haut intérêt, en leur ouvrant le Grand-livre comme un asile.

M. *Ganilh* n'a trouvé, dans les souvenirs de son érudition financière, que des dangers imaginaires, dont la seule différence des temps, des lieux, des hommes et des opérations, doit nous préserver. Les exemples qu'il cite ne m'ont pas effrayé et n'effraieront personne. Éclairé par mon intérêt particulier, il me semble qu'il n'y a, dans la création des Obligations du Trésor royal, qu'avantage pour les créanciers.

Le Ministre, en offrant aux créanciers des Obligations à trois années, a succinctement expliqué ses motifs. Il reconnaît qu'il aurait dû payer comptant ;

il ne le pouvait pas. Il a cherché des moyens de paiement ; il en a trouvé d'assurés , mais éloignés. Il a donné aux créances des échéances fixes , qui lui laisseront le temps de réaliser ses moyens.

Le danger le plus pressant et le plus réel qui menaçât les Obligations du Trésor royal, et qui pouvait les anéantir dès leur naissance, était le discrédit. Examinons si le Ministre a vu ce danger , s'il lui a opposé des obstacles, s'il a pris des précautions suffisantes.

Il rend les Obligations conversibles en Rentes cinq pour cent consolidés. Déjà il est impossible que leur cours puisse être au-dessous de celui des Cinq pour cent consolidés. M. *Ganilh* seul , certainement, prétendra que les Obligations perdront plus que les Inscriptions. Qu'il nous explique comment 108 francs, avec la faculté d'échange , vaudront moins que 105 fr. Quant aux créanciers, ils peuvent regarder les Obligations du Trésor royal garanties contre un cours moins élevé que celui des Cinq pour cent consolidés.

Le Ministre a , si je puis m'exprimer ainsi , placé une pierre sous la roue du char qui portera la fortune des créanciers de l'État; il ne peut plus, sur la pente glissante du crédit public , rétrograder, et il en prend une force singulière d'ascension.

La dette exigible, qui flottait incertaine, acquiert , sans perdre son caractère d'exigibilité , une valeur assurée et une échéance fixe ; par un habile artifice , elle est liée au sort de la dette inscrite , sans influence fâcheuse sur cette dette.

L'arbre antique et révéré de la dette perpétuelle , qui a résisté à tant d'orages politiques , qui, trop souvent mutilé par la hache du discrédit , n'a jamais perdu tout principe de vie , et se montre en cet instant plein de sève et de vigueur, protégera de son ombre tutélaire les nouvelles Obligations , toujours prêtes à être entées sur ses branches.

Il ne faut pas croire que les 759 millions de créances , lors même qu'elles seraient liquidées, ordonnancées et payées en Obligations en un seul jour , viendraient à-la-fois se précipiter sur la place. Ceux qui témoignent une pareille crainte et qui croient y remédier en faisant inscrire l'arriéré , montrent bien de la légèreté et de l'irréflexion.

Les Cinq pour cent consolidés ne pourraient-ils donc pas être jetés sur la place comme les Obligations, et n'éprouveraient-ils pas le même discrédit! Il ne peut être ni plus dangereux d'émettre ni plus difficile de soutenir des Obligations à échéances fixes avec intérêt à huit pour cent, que des Inscriptions à cinq pour cent.

Si l'affluence à la bourse des valeurs représentant l'arriéré était à craindre, ce ne serait pas y remédier que de convertir l'arriéré en Inscriptions ; car peu importe que la place soit surchargée d'Obligations ou d'Inscriptions : en changeant le nom , on ne change ni les causes ni les effets.

Le Ministre prévoit que quelques-uns des porteurs d'Obligations du Trésor royal ne pourront pas attendre l'échéance des trois années : il ne veut pas les abandonner ; il leur promet de venir à leur secours avec les fonds qu'il aura pu rassembler.

Il sait qu'il est impossible de régler les recouvremens sur les échéances des paiemens ; qu'on ne peut, sans danger et sans perte, laisser accumuler jusqu'aux échéances des Obligations les fonds recouvrés et destinés au paiement de l'arriéré : il demande que la loi ordonne l'emploi immédiat des sommes recouvrées, et qu'elle détermine la forme de cet emploi.

Le remboursement anticipé, faveur pour quelques-uns , serait une injustice pour le plus grand nombre ; la répartition proportionnelle entre tous serait impraticable. Il reste un seul moyen d'emploi des fonds ; c'est le rachat ou l'amortissement au cours de la place. Le Ministre propose de l'adopter : il y voit de nombreux avantages ; je vais examiner s'ils sont réels.

Cette intervention du Ministre des finances sur la place doit-elle être autorisée ! Est-elle à craindre ou à desirer pour les créanciers de l'État , et quel sera son effet !

Le Ministre annonce hautement ce que tous les gouvernemens font sans le dire ; il déclare que, dès qu'il aura des fonds libres, il rachetera sur la place les Obligations qui seront librement portées au marché. Il demande une autorisation dont il me paraît n'avoir pas besoin : car qui songerait à lui faire, après l'exécution, un crime d'avoir libéré l'État avec bénéfice, sans avoir exercé aucune violence envers les créanciers, sans avoir détourné un denier à son profit personnel !

Cette publicité que le Ministre veut donner à des opérations ordinairement enveloppées du mystère le plus profond, me plaît, parce qu'elle me paraît le plus sûr garant qu'il ne veut ni tromper ni abuser de sa puissance contre les créanciers, et qu'il n'aura jamais la sacrilége pensée d'en abuser contre son maître.

Bien plus , il me semble que , par cette publicité même, par le devoir auquel il se hâte de se soumettre, de rendre des Comptes au Roi , à la Chambre des Députés, à la Chambre des Pairs, il appelle sur lui toutes les surveillances ; il se met, il place ses successeurs dans l'heureuse impossibilité d'abuser jamais de la faculté qu'il ne demande que parce qu'il la juge nécessaire pour le succès de l'opération et pour le bien-être des créanciers.

Il n'est pas besoin de discuter la question de savoir si un Gouvernement a le droit de racheter ses engagemens au-dessous du pair. Ce droit est maintenant généralement reconnu, et généralement exercé à l'égard de la dette inscrite ou perpétuelle; pourquoi ne l'appliquerait-on pas à la dette exigible et remboursable à échéance, laquelle, exposée plus que toute autre aux chances des événemens et aux oscillations de la bourse, a besoin de plus de secours? Pourquoi le Gouvernement ne ferait-il pas le profit qu'un particulier peut faire? Pourquoi ne ferait-il pas tourner à l'avantage de l'État un bénéfice que chaque individu peut recueillir sans blâme et sans honte?

Le Ministre va plus loin; il prétend que le rachat est favorable au crédit, profitable à tous les créanciers, à ceux qui veulent négocier leurs Obligations comme à ceux qui préfèrent attendre les échéances. Est-ce une illusion qui le trompe, ou cherche-t-il à nous surprendre?

Le rachat, nous dit le Ministre, *aurait une heureuse influence sur le cours, et, en le bonifiant, augmenterait, au profit des porteurs et dans une proportion parfaitement égale pour tous, la valeur des Obligations encore en circulation.* Je crois entendre sa pensée, et je me hasarde à la développer.

Chaque rachat satisfait les porteurs les plus nécessiteux, enlève de la place des Obligations qui seront annullées; il diminue et la masse des Obligations et la foule des porteurs empressés de les réaliser. Par l'effet ordinaire sur tous les marchés, moins la denrée abonde et moins il se présente de vendeurs, plus le prix s'élève au profit de ceux qui attendent pour vendre et plus il se trouve de gens qui veulent attendre ou prendre la place de ceux qui ne peuvent attendre; alors les fonds particuliers et les capitalistes viennent au soutien des fonds publics et au secours des créanciers de l'État. Cette combinaison est simple, d'une application générale et journalière : elle n'a rien de nouveau, même dans son application aux fonds publics ; c'est précisément ce qui en fait le mérite, parce que la confiance qu'elle inspire est fondée sur l'expérience. Continuons d'examiner les effets de cette combinaison appliquée aux fonds publics.

Le trésor, devenu un acheteur obligé et présent à la bourse, d'une main satisfait les porteurs par un achat actuel, ou les rassure, les encourage par la certitude d'un achat prochain à volonté; de l'autre, il menace, il intimide, il contient la foule renaissante de ces vampires publics, de ceux qu'on peut, à juste titre, flétrir du nom d'agioteurs toujours prêts à se jeter sur le malheureux créancier de l'Etat pour se partager ses lambeaux ; hommes vils et justement méprisés, qui basent leurs calculs sur les faux bruits qu'ils inventent et qu'ils sèment, sur la corruption qu'ils répandent autour d'eux, et qui, sans aucun risque, en vendant ce qu'ils ne possèdent pas, en achetant ce qu'ils ne pourraient payer, s'efforcent d'établir leur odieuse fortune sur la misère publique et la ruine générale.

Pour ceux-là seulement, la présence du trésor à la bourse est à craindre. Ils doivent redouter de le voir à tout instant préparé à renverser leurs plans, à tromper leurs calculs criminels, à déconcerter leur prudence ténébreuse : ils ont déjà découvert ce danger ; ils s'agitent pour le détourner. Qu'ils tremblent ! S'ils continuent leurs manœuvres, une ruine certaine pour eux, la fixité du crédit public, le salut des créanciers de l'État, seront leur châtiment.

Mais gardons-nous de confondre avec les agioteurs la classe estimable et puissante des vrais capitalistes et des banquiers. Propriétaires d'une fortune réelle, lentement acquise par une honorable industrie, ou héritée de leurs pères, ils vont chercher dans les fonds publics des bénéfices légitimes, utiles à eux-mêmes sans doute, mais plus utiles encore aux créanciers de l'État et au crédit public. Ces vrais capitalistes ne peuvent craindre la présence du trésor à la bourse ; ils doivent la desirer, puisque l'intervention du trésor a pour objet de maintenir le crédit public, sur lequel leur fortune est appuyée, et de relever le cours des fonds dont ils sont ou veulent devenir propriétaires.

Cette présence du trésor à la bourse, si mes vœux ne me font pas illusion, tend à donner de la fixité au crédit, à annihiler l'influence des agioteurs, à en diminuer le nombre, et peut-être à en convertir quelques-uns : elle doit appeler à la bourse les vrais capitalistes et ceux des pays étrangers, qu'un invincible effroi a jusqu'ici éloignés de cette mer orageuse, semée d'écueils inconnus et mouvans, célèbre par ses naufrages et en tout temps couverte de débris.

Il faut que le calme y renaisse pour que les capitaux français, arrachés à une stérile thésaurisation, et les capitaux étrangers, amenés par la certitude de profits sans hasards, y affluent de toute part, et répandent une abondance qui secondera à-la-fois le crédit public et les entreprises particulières.

De telles vues sont grandes et nobles : elles me paraissent mériter l'assentiment de tous les amis éclairés du bien public. Cependant nous n'avons fait qu'entrevoir un des effets du rachat de la dette ; nous n'avons pas observé le pouvoir vraiment prodigieux de l'amortissement.

Il peut, dans le cours de plusieurs années, survenir des circonstances indépendantes des Administrateurs, qui attaquent et malgré leurs efforts affaiblissent le crédit public.

Le Ministre des finances ne *s'en flatte* pas, comme on l'a faussement imprimé : mais il a dû prévoir ces chances fâcheuses ; il a dû préparer les moyens d'empêcher ce mal ou d'y remédier. Y a-t-il pourvu !

Le danger est peu probable, éloigné, nul peut-être ; et le moyen de salut est déjà préparé : nos yeux débiles n'ont pu l'apercevoir, et nous l'avons calomnié !

Il se trouve dans le rachat même.

Plus le discrédit momentané serait grand, plus aussi le rachat aurait de pouvoir pour ressusciter rapidement le crédit ; car plus le cours des Obligations du Trésor royal s'abaisserait, plus aussi la somme destinée aux achats absorberait d'Obligations, plus elle en diminuerait la masse, plus elle soulagerait efficacement la place.

La résistance diminuant, et le poids s'allégeant par chaque achat, tandis que la puissance d'attaque et la force motrice restent les mêmes, il est impossible de ne pas concevoir une époque où la balance s'établira, ne fût-ce que lorsque le fonds d'amortissement égalera, au cours de la place, la dette flottante.

Avec un fonds d'amortissement fidèlement appliqué à sa destination, on n'a point à craindre une baisse prolongée ni excessive. L'existence de ce fonds et la certitude de ses effets suffisent pour rassurer la plupart des propriétaires de la dette.

Même, dans les momens les plus critiques, la masse de la dette ne vient pas au rachat ; on ne voit sur la place que la partie de la dette qui reste flottante au gré des inquiétudes ou des besoins. C'est seulement avec cette faible partie de la dette que le fonds d'amortissement doit se balancer par le cours ou par le crédit. Il est impossible que cet équilibre ne s'établisse pas très-promptement ; et à l'instant même, du sein d'un discrédit éphémère, le crédit renaîtra plus ferme et plus durable.

Remarquez qu'il ne s'agit ici que du rachat simple, puisque les Obligations rachetées doivent être annullées. Que serait-ce, si nous essayions d'exposer les effets de l'amortissement composé, qui s'accroît des intérêts des fonds rachetés, et qui attaque avec toute la puissance d'une progression géométrique croissante une progression arithmétique décroissante !

Le résultat infaillible de cette combinaison inspire aux créanciers une telle sécurité, qu'assurés de trouver à volonté leur remboursement, ils cessent de le demander et même de le desirer : ils vont jusqu'à le craindre ; et, par cette lutte entre le fonds d'amortissement qui poursuit avec obstination ses rachats, et les créanciers qui s'en défendent, le crédit de l'État s'élève au plus haut

point ;

point; il atteint, il surpasse le pair. La force de cet effet moral devance et surpasse celle de l'effet physique; les plus salutaires résultats du remboursement sont anticipés : par un prodige qui paraîtrait incroyable, s'il n'était pas sous nos yeux, le poids de la plus énorme dette semble accroître le crédit ; chaque année la dette augmente, sans que le crédit en soit altéré, sans que le remboursement soit moins assuré ; chaque année même, le terme de ce remboursement est rapproché.

Ces principes et ces résultats étant fondés sur la nature des choses, sont, comme ceux des sciences exactes, applicables dans tous les lieux, dans tous les temps; ils n'attendent dans chaque pays, pour produire leurs étonnans et salutaires effets, qu'une tête hardie qui ose les proposer, et une main habile qui sache les mettre en œuvre.

C'est-là le ressort magique des finances et du crédit colossal de l'Angleterre : il n'est pas caché ; depuis long-temps ce n'est plus un secret ; la découverte en appartient à la France : on en a beaucoup parlé, beaucoup écrit; bien peu le comprennent et l'estiment tout son prix ; on le dédaigne, et nous en attendons la première application.

Le Ministre des finances du Roi n'ose pas proposer encore un plan d'amortissement pour la dette inscrite ; il témoigne assez qu'il ne trouve ni nos finances ni nos connaissances mûres pour cet établissement, qui ne doit être ni un essai passager, ni une expérience incertaine, mais un monument inébranlable, éternel, dont il faut poser les fondemens sur le roc, avant d'entreprendre de l'élever.

Cependant, en creusant la pensée qu'exprime le Ministre, en approfondissant ce qu'il nous montre de ses projets, n'y découvririons-nous pas l'espoir salutaire, le germe fécond de cet amortissement! Des conjectures, des vues à cet égard seraient indiscrètes et prématurées; bornons-nous à l'examen du projet soumis à la discussion.

Il me paraît démontré que le rachat peut être légalement autorisé, qu'il est nécessaire pour ne pas laisser oisifs et exposés au détournement les fonds recouvrés avant les échéances des Obligations, pour renverser l'agiotage, soutenir le cours des Obligations du Trésor royal, fixer le crédit ou le relever dans toutes les chances des événemens, et pour accélérer et faciliter la libération du trésor, en assurant le salut des créanciers de l'État.

Devons-nous renoncer à tous ces avantages devant l'odieuse et gratuite supposition qu'un Ministre pourrait être infidèle ! Ce serait pousser trop loin notre sollicitude; ce soin ne nous regarde pas. Laissons au Roi le choix de

E

ses Ministres; reposons-nous sur lui du soin de découvrir et préférer les hommes intègres et capables de seconder ses vues et d'exécuter ses projets pour le bonheur de ses peuples.

Repousser un plan sous le seul prétexte qu'il ne se trouvera pas un homme en état de l'exécuter, ce serait un éloge sublime, si ce n'était pas un paradoxe. Ce qu'un homme a conçu, il peut l'exécuter; il doit même demander que l'exécution lui soit réservée, pour que ses conceptions ne périssent pas, inutiles ou nuisibles entre des mains maladroites ou malveillantes.

La théorie de l'amortissement et la démonstration de ses effets sont abstraites et paraîtront obscures à beaucoup de lecteurs, malgré les efforts que j'ai faits pour être clair et pour rendre mes idées en quelque sorte palpables, par l'emploi d'images sensibles et de figures familières : mais les créanciers de l'État, les habitués de la bourse, les capitalistes, me comprendront; les agioteurs, sur-tout, m'entendront à demi-mot.

De la Fixation des Intérêts.

Il me reste à examiner une question non moins importante que celle que je viens de traiter. Le Ministre des finances propose d'attacher huit pour cent d'intérêt aux Obligations du Trésor royal. Quelque sûr qu'il soit de ses principes, il est curieux de voir avec quelle réserve il présente cette innovation : il ne l'appuie pas de tous ses motifs, il néglige les plus forts; il ne montre que ceux-là seulement qu'il sait se rapprocher le plus des opinions communes, et être à la portée du plus grand nombre.

La même réserve ne m'est pas imposée : je puis sans danger, puisque je suis sans influence, essayer de chercher dans ce que dit le Ministre ce qu'il n'ose ou ne doit pas exprimer. Il m'est permis d'exposer ce qu'il a dû penser pour arriver à la mesure qu'il propose, et de développer ce qu'il m'a fait penser, au risque de m'égarer dans des routes peu fréquentées, loin des préjugés et des routines.

Quelles objections n'ai-je pas entendu élever contre cette proposition neuve ! Donner huit pour cent d'intérêt, c'est, a-t-on dit, pervertir la morale, consacrer l'usure, enlever les capitaux au commerce, à l'industrie, à la culture, procurer la ruine des particuliers pour éviter celle des créanciers de l'État.

Ces reproches (1) seraient graves, s'ils étaient fondés ; ils méritent toute

---

(1) Je dois dire que je ne trouve ces reproches ni dans les *Observations* ni dans les *Réflexions* auxquelles j'ai répondu.

notre attention. Ils doivent trouver leur confirmation ou leur réfutation dans la véritable théorie de l'intérêt. Je vais l'exposer telle que je la conçois:

Qu'est-ce que l'intérêt !

Existe-t-il un intérêt légal !

L'examen des lois rendues, des ouvrages et des opinions publiés sur cette matière, exigerait des volumes ; le temps qui me presse, me force de renfermer dans quelques pages la discussion de ces deux grandes questions, auxquelles se rattachent tant d'intérêts politiques et sociaux. Je suis dans la nécessité de présenter, dénuée de la plupart de ses motifs, la théorie qui me paraît la meilleure, d'en négliger les principales conséquences, et je suis exposé à paraître, faute de développemens, offrir des opinions contestées pour des principes reconnus.

Qu'est-ce que l'intérêt des fonds prêtés, autrement appelé l'*escompte* !

Je ne me servirai plus que de ce dernier terme , plus spécial, présentant une idée plus nette, et dont l'emploi écartera toute amphibologie , éclaircira beaucoup la question.

L'escompte n'est autre chose que *le prix du loyer des capitaux* (1) *repré-*

---

(1) La théorie des *capitaux* devrait précéder celle de l'intérêt. Il faudrait, pour faciliter l'intelligence de ce qui va suivre, définir ce qu'on doit entendre par *capitaux*, et remonter à leur formation.

Je dirai seulement que les *capitaux* sont une création que la nature abandonne à l'industrie, au travail de l'homme en société.

Dans un pays inhabité ou peuplé de sauvages épars, il n'existe ni capitaux ni propriétés; la terre et toutes ses productions sont sans valeur : à l'instant où les hommes se réunissent , où ils commencent leur travail, où ils en conservent et s'en garantissent mutuellement les fruits, la société commence, la propriété naît, les capitaux se forment ; ils se grossissent de toutes les économies ou excédans de la production sur la consommation ; ils se composent de tous les objets qui ont subi le travail de l'homme, et qui en ont conservé des résultats utiles, tels que les terres cultivées, les maisons, les denrées, les approvisionnemens, les instrumens, les vêtemens, les métaux, &c.

Ces objets ne sont pas les capitaux mêmes, mais tous indistinctement représentent les capitaux : *ils sont leur forme sensible.*

Les capitaux ne sont pas ces objets , mais ils leur donnent toute leur valeur : *ils en sont l'ame.*

Tout ce qui attaque ces objets et en altère la valeur, détruit les capitaux et blesse la société dans sa richesse , dans son but ; et au contraire, tout ce qui élève la valeur de ces objets et augmente les capitaux, accroît la richesse et seconde le but de la société.

Par ces motifs, les Gouvernemens ne peuvent assez respecter les capitaux , qui constituent la richesse et la puissance des sociétés, lesquelles n'existent que pour les capitaux et par les capitaux; c'est un des motifs pour lesquels il ne faut jamais faire de banqueroutes qui détruisent les capitaux.

Que de conséquences utiles à la société et au bonheur des hommes, ces principes féconds ne pourraient-ils pas nous fournir ! Comme , de la hauteur à laquelle ils élèvent la pensée, ils la font planer sur les préjugés populaires, ils jugent avec infaillibilité la conduite des Gouvernemens injustes et turbulens , découvrent leurs erreurs et signalent leurs fautes ! Et quelle gloire vraie et méritée ils distribuent aux Gouvernemens fidèles et pacifiques !

sentés par de l'or ou de l'argent, et dont le propriétaire cède l'usage ou la possession pour un temps, en se réservant la propriété.

Ces capitaux, toutes les propriétés, ont une valeur intrinsèque et une vertu productive (1), dont les fruits appartiennent au propriétaire.

Le propriétaire des capitaux est maître d'en conserver ou d'en céder l'usage.

S'il en conserve l'usage, il est maître d'en perdre les fruits par la thésaurisation, ou de les recueillir sans partage, en faisant fructifier lui-même ses capitaux, en les appliquant à la culture ou au commerce, à ses risques et périls.

Si le capitaliste préfère céder l'usage de ses capitaux, il est libre dans le choix de son locataire ou emprunteur, et *maître de fixer le prix qu'il prétend y mettre*, c'est-à-dire, de régler l'intérêt, l'escompte, le loyer qu'il en demande.

Ici nous rencontrons l'intérêt légal, c'est-à-dire, la prétendue fixation de l'escompte que la loi permet au capitaliste d'exiger, et la fixation réelle de l'escompte que les tribunaux doivent prononcer.

Arrêtons-nous un instant sur cette question; car, je n'hésite pas à le dire, s'il peut exister un intérêt légal, les adversaires du Budget ont raison, et on ne doit pas accorder huit pour cent aux créanciers de l'État : il ne reste aux partisans du Budget qu'une pitoyable réponse, sans réplique il est vrai de la part de leurs adversaires, c'est de soutenir que l'autorité qui a fait la loi, peut la modifier. Cherchons des considérations plus dignes du législateur et de l'homme d'état.

---

(1) C'est une erreur très-répandue et partagée par plusieurs auteurs, que de prétendre que l'or, l'argent, les diamans n'ont pas une valeur intrinsèque. Leur valeur, comme celle de tout autre produit de la terre et de l'industrie, se compose du loyer des capitaux, du prix du temps, de l'industrie, et des consommations employées pour les obtenir, pour les approprier à la consommation ou à l'usage, et pour les apporter au consommateur. Cette valeur se modifie sur le marché, par l'abondance ou la rareté, par les offres et par les demandes; et elle est la mesure des capitaux que les métaux représentent.

C'est encore une erreur très-répandue, que de regarder l'or et l'argent réunis en capitaux, comme stériles : tous les capitaux sont productifs, ou, plus exactement, les capitaux seuls sont productifs; c'est d'eux que tous les objets à l'usage de l'homme reçoivent leur valeur et tirent leur vertu productive. L'or et l'argent sont, il est vrai, stériles de leur nature, mais ils possèdent seuls l'admirable faculté d'être à volonté échangés contre toutes les propriétés productives : ils ont ainsi une vertu productive générale, parce qu'elle n'est pas spéciale; et illimitée, puisqu'elle n'a d'autres bornes que l'habileté du propriétaire, du possesseur ou locataire, et qu'elle dépend de l'échange qu'il en saura faire. C'est par suite de cette vertu singulière, que les capitaux, source intarissable de richesses pour les hommes habiles, restent stériles entre les mains des hommes inhabiles, et s'y détruisent. La différence de l'emploi que chacun peut faire des capitaux, est une des causes de la différence du prix que chacun peut donner pour leur loyer. La théorie de l'intérêt que j'expose, est, dans toutes ses parties, appuyée sur de pareilles considérations. Je suis dans la nécessité de les négliger entièrement.

La loi n'a jamais réglé, le législateur n'a jamais cru, si ce n'est dans les temps de délire, avoir l'autorité de fixer le prix des baux et des loyers, les bénéfices des manufacturiers et des négocians (1), c'est-à-dire, le revenu que les propriétaires retirent de leurs *capitaux représentés par des terres, des maisons et des marchandises.* Pourquoi donc la loi s'arrogerait-elle le droit de régler le revenu que les propriétaires retirent de leurs *capitaux représentés par de l'or et de l'argent !*

La fixation de l'escompte est une usurpation sur le droit de propriété. Je place la loi qui fixe l'intérêt légal à côté de la loi du *maximum ;* elles reposent sur le même principe, ou plutôt sur la même erreur, sur le même abus de l'autorité ; elles consacrent la même injustice, la violation de la propriété ; elles introduisent les mêmes désordres, la mauvaise foi, la fraude ; elles causent les mêmes maux, le renchérissement, la disette des propriétés qu'elles frappent.

Novateur audacieux, s'écrie-t-on, dans votre coupable imprudence vous renversez l'antique barrière de l'intérêt légal : qu'y substituerez-vous ? Voyez l'Usure, de tout temps contenue par cette sage institution du législateur, s'élancer sur la société, et contemplez ses ravages !

L'Usure ! désordre effroyable qui s'attache aux sociétés dès leur naissance, suite ou cause de presque tous les malheurs publics et particuliers, et contre lequel les législateurs et les tribunaux ont fait de tout temps d'impuissans efforts, parce qu'ils n'avaient pas la mission, parce qu'ils n'avaient pas la puissance de le réprimer.

Le résultat de tous leurs soins a été, par ces soins mêmes, d'accroître le mal, au lieu de le diminuer. Vainement, dans leurs inutiles poursuites contre un désordre dont la répression n'était pas de leur ressort, ils ont, oubliant que leur autorité n'est armée que contre la fraude et le vol, annullé les engagemens les plus librement consentis, protégé la mauvaise foi par tous les moyens mis en leurs mains pour faire respecter la foi des contrats, et favorisé de toute leur puissance les débiteurs contre les créanciers ; l'usure, malgré la prévoyance du législateur et le zèle ardent des magistrats, a été rarement atteinte : triomphante, elle a continué ouvertement son infame trafic, au moyen de quelques subterfuges que l'espoir inventif du gain lui a facilement fournis, et dont les officiers mêmes de la loi ont été les instrumens. Dans les persécutions dont l'usurier est devenu l'objet, dans la honte à laquelle il n'a pu

---

(1) Dans les grandes villes, on fixe le salaire des ouvriers, mais par mesure de police, pour empêcher les troubles et les violences : c'est une exception dont on ne peut rien conclure.

échapper , il a su trouver une nouvelle source de profit ; il s'est fait payer, par ses victimes, le zèle de leurs protecteurs ; il a vendu , au poids de l'or , son propre déshonneur et un danger auquel il a su se soustraire.

Que la loi , que les tribunaux, instruits par une longue et constante expérience, cessent de poursuivre un monstre assez fort pour leur résister, assez habile pour leur échapper , et qui se rit de leurs efforts ; qu'ils cessent d'aggraver le triste sort, d'accélérer la ruine des malheureux qu'ils ne peuvent protéger (1).

Les préservatifs sont placés à côté du mal : il ne faut que les laisser agir et n'en pas contrarier l'effet. Nous ne pouvons que les indiquer. Il faut rendre la probité aux emprunteurs, accorder protection aux prêteurs et leur inspirer sécurité, exciter la concurrence des capitalistes, les honorer , ne pas les confondre avec les usuriers , provoquer la multiplication, l'abondance des capitaux : il faut sur-tout l'exemple et l'influence irrésistibles de la fidélité du Gouvernement envers ses créanciers. Ces moyens simples sont plus efficaces pour réprimer l'usure et mettre un frein aux usuriers , que les menaces et les persécutions, qui ne font qu'aigrir et propager ce mal incurable.

Nous avons laissé le propriétaire des *capitaux représentés par de l'or et de l'argent ,* maître de fixer le loyer ou l'escompte qu'il lui plaît d'en retirer ; cherchons le régulateur de cet escompte, et , pour ne pas nous égarer, continuons d'observer la nature même des choses.

L'escompte étant de la même nature que les loyers des immeubles, que les profits du commerce , doit être fixé par les mêmes règles, et se composer des mêmes élémens.

Les loyers , les fermages , les profits du commerce et l'escompte se composent de trois élémens distincts :

Le *Profit naturel* des capitaux ;

Une *Indemnité pour la réparation* des dommages résultant de l'usage ordinaire et de la force majeure ;

Et une *Prime d'assurance* contre les dangers qui peuvent provenir du fait du locataire ou emprunteur.

Le montant de ces trois élémens réunis forme le prix total de toute location de capitaux ou des objets qui les représentent. La proportion dans laquelle chacun de ces élémens concourt à la fixation du prix total de location, est inconnue et variable. Nous chercherions inutilement à découvrir cette proportion,

____

(1) Il faut distinguer de l'intérêt légal, *l'intérêt judiciaire* que la loi et les tribunaux doivent régler toutes les fois que les conventions sont muettes. Mais là se bornent l'autorité et le pouvoir des législateurs et des magistrats.

qui change à tout instant, suivant les probabilités et les chances des événemens actuels ou éloignés.

Ces trois élémens différens se retrouvent diversement combinés dans le prix des fermages et loyers des terres et maisons, et dans les profits du commerce. Cette démonstration nous écarterait de notre but. Recherchons seulement ces trois élémens dans le prix de l'escompte.

Le profit naturel des capitaux ne se modifiant que par l'abondance ou la rareté, est peu variable dans l'escompte, parce que l'or et l'argent sont, de toutes les propriétés, celles qui se transportent le plus facilement où les appelle le besoin. Dans un temps de parfaite sécurité, le *profit naturel* formerait seul l'escompte. Ainsi, en Hollande, dans des temps de calme, de fidélité et d'abondance, le Gouvernement a emprunté à 1 1/2 et 2 pour cent par an, et ces emprunts se sont élevés au-dessus du pair.

L'indemnité pour les réparations et dommages est ordinairement peu apparente et presque nulle sur les métaux précieux, qui sont inaltérables et n'ont à subir que la lente réduction de valeur que la succession des temps leur fait constamment éprouver. Cette *indemnité* néanmoins existe dans le prix de l'escompte, et elle devient très-élevée dans les temps et dans les lieux où l'on a à craindre une altération de monnaie, ou une émission de papier-monnaie, deux infidélités de même nature et également destructives.

La prime d'assurance contre les dangers que l'infidélité et l'insolvabilité possibles de l'emprunteur ou débiteur font courir aux prêteurs ou créanciers propriétaires des capitaux, est l'élément le plus variable du prix de l'escompte.

C'est parce que ce dernier élément de l'escompte n'a pas été bien connu, c'est parce que son influence n'a pas été appréciée, que l'on a rendu tant de lois funestes, tant de jugemens injustes, que l'on a publié tant d'opinions erronées et inconséquentes, et que les Gouvernemens ont commis envers leurs créanciers tant d'injustices, fait tant de banqueroutes non moins funestes à l'État qu'aux créanciers.

Que l'on ne dise pas que la révélation de cette théorie de l'escompte (de l'intérêt) est inutile ou dangereuse. Tous les hommes accoutumés à réfléchir en découvriront les utiles conséquences pour la richesse publique et particulière. Nous devons nous borner à montrer celles qui sont applicables au Budget qui nous occupe.

C'est, sans doute, parce que le Ministre des finances du Roi est pénétré de cette saine doctrine, qu'il se montre si empressé d'être fidèle aux engagemens de l'État, de promettre, d'assurer le paiement intégral des créanciers et de leur donner un haut intérêt.

Je retrouve dans les huit pour cent et le *profit naturel* et peu variable des capitaux, et, il faut bien l'avouer, puisque cela est vrai, *la prime d'assurance et l'indemnité* des dommages et des dangers auxquels les créanciers peuvent encore paraître exposés ; indemnité que l'État débiteur n'a ni le droit ni le pouvoir de régler, et contre la fixation arbitraire de laquelle les créanciers de l'État auraient le droit de réclamer ; indemnité élevée par nos infidélités précédentes, dont il faut subir la punition honteuse, mais salutaire, jusqu'à ce que nous ayons mérité d'en être soulagés par le crédit renaissant.

Des créanciers de l'État ont prétendu, non sans fondement, que cette indemnité était insuffisante : on leur a répondu avec une raison apparente, qu'ils en avaient eux-mêmes réglé le taux par le cours des fonds publics, et qu'en leur accordant le même avantage, on leur rendait justice entière. Cet argument n'est pas sans réplique ; il repose sur un calcul incomplet : car *la prime d'assurance* sur les Cinq pour cent consolidés est à-la-fois dans le taux de l'intérêt et dans l'accroissement probable du capital nominal.

Je rappellerai aux créanciers de l'État que le Ministre a compris dans son plan la faculté du rachat, dont la puissance réunie à celle du taux élevé des intérêts, permet d'espérer que les Obligations atteindront le pair, et s'y maintiendront. Que les créanciers de l'État, que ceux mêmes qui blâment cet intérêt de huit pour cent, détournent leurs yeux du moment présent et des désordres qui ont précédé ; qu'ils calculent l'impulsion donnée au crédit public par les mesures proposées, et qu'ils attendent.

J'aime à voir le Ministre des finances du Roi porter plus loin ses espérances : sa juste confiance dans la puissance des moyens qu'il propose, lui fait craindre de dépasser le but, et de porter les Obligations du Trésor royal au-delà du pair ; il se réserve la faculté de réduire le taux des intérêts, en offrant le remboursement.

Il prévoit que le haut intérêt et le crédit feront sortir les capitaux français de l'oisiveté où les retenait la crainte des banqueroutes, et appelleront les capitaux étrangers qui n'osaient se hasarder sur un sol infidèle, toujours prêt à les engloutir.

L'abondance de ces capitaux n'a d'autres bornes que celles qu'y placerait une parcimonie mal entendue ; leur séjour n'a d'autre terme que la durée de la fidélité du Gouvernement.

La résurrection, l'étendue, la solidité du crédit public dépendent uniquement des mesures qui seront adoptées.

Admirons deux effets accessoires et surprenans du haut intérêt combiné avec la faculté d'appeler les Obligations au remboursement et de réduire l'intérêt.

Les Obligations des échéances les plus éloignées sont toujours celles qui ont

le

le moins de faveur sur la place; il fallait fortifier leur cours. Le Ministre y réussit : car les plus longues échéances seront naturellement appelées les dernières au remboursement; elles jouiront plus long-temps d'un haut intérêt ; par conséquent, elles présenteront plus d'avantages et devront être préférées par ceux qui desirent les plus forts profits, c'est-à-dire, par tous ceux qui achètent des fonds publics.

Le Ministre fait plus pour les créanciers : il leur assure, par l'échéance fixe des Obligations et par le haut intérêt, le moyen de se procurer les fonds qui leur seraient nécessaires, et *sans perte*, lors même que les obligations ne seraient pas au pair.

Je suppose que lorsque mes créances seront ordonnancées, les Obligations perdent vingt pour cent, et que j'aie des besoins tellement urgens que je ne puisse attendre un cours plus favorable pour réaliser des fonds; il est impossible qu'avec une valeur à trois années d'échéance, dont le paiement est assuré, je ne trouve pas un capitaliste empressé de me prêter sur ce gage, auquel je puis ajouter ma signature, les trois quarts de son montant et même plus. Je n'aurai à attendre l'échéance que pour le surplus.

Le capitaliste se contentera certainement, pour un prêt doublement garanti, de l'intérêt de huit pour cent, attaché aux Obligations ; je n'aurai donc aucune perte d'intérêts. Je pourrai même emprunter à quatre, cinq, six ou sept pour cent, et j'aurai un bénéfice sur les intérêts.

Tous les créanciers pourront donc, grâce à l'intérêt de huit pour cent et à l'échéance assurée, et quel que soit le cours des Obligations, toucher comptant la plus grande partie de leurs créances; ils n'éprouveront de délai que pour la moindre partie ; ils n'auront à supporter aucune perte, même dans la position de crédit la plus défavorable que l'on puisse raisonnablement concevoir.

Accorder un haut intérêt, inspirer toute sécurité, sont les combinaisons les plus puissantes pour ramener l'abondance des capitaux, et par conséquent pour procurer le bas prix de l'intérêt (de l'escompte) ou loyer que les propriétaires de cette espèce de capitaux en exigent. Cet effet échappe à l'observateur inattentif ou superficiel : il lui paraît contradictoire avec la cause qui doit le produire; mais il résulte également des principes les plus sûrs et de l'expérience la plus incontestable.

Les capitaux qui fécondent le crédit public, ne seraient-ils pas retirés aux entreprises particulières ! Je l'ai dit plusieurs fois; ils seront enlevés à la thésaurisation, ils seront appelés de l'Étranger. Ce serait ici le lieu de développer la distinction qui existe entre les capitaux affectés aux entreprises particulières

F

et ceux qui se dirigent vers les fonds publics. Je démontrerais facilement qu'ils forment deux classes entièrement séparées, qu'ils suivent deux routes différentes sans presque jamais se confondre ni se rencontrer ; mais cette démonstration, quoique inhérente à mon sujet, me menerait trop loin.

Je me bornerai à faire remarquer, et on ne pourra me contester, que l'abondance du Trésor ne peut produire la disette des particuliers ; que la promptitude, la multiplicité de ses paiemens ne peut appauvrir ses *créanciers directs*, les rentiers, les salariés de tous rangs et les fournisseurs, ni ses *créanciers indirects*, c'est-à-dire, la masse générale des propriétaires, des cultivateurs, des ouvriers, des fabricans et des négocians, et que tous, au contraire, profitent de cette fidélité, de cette abondance du Trésor.

Le Ministre se réserve la faculté d'appeler au remboursement et de réduire le taux des intérêts ; c'est porter la prévoyance et l'économie plus loin que l'Angleterre, qui ne calcule jamais à quel taux elle emprunte, qui livre libéralement ses fonds publics au cours.

Les Ministres anglais semblent ne pas voir, ou dédaignent de calculer qu'en donnant, comme il y en a des exemples, des 3 pour cent consolidés à 48 pour cent, ils imposent à l'État une dette nominale de 100 liv. sterl. , lorsqu'ils ne reçoivent que 48 liv. sterl. Leur dette, il est vrai, n'est pas remboursable , mais ils la rachètent au cours par l'amortissement : ils achètent en ce moment 70 pour cent, et ils ont payé jusqu'à 99 pour cent ce qu'ils avaient donné pour 48 pour cent.

Cette générosité est bien loin de notre parcimonie ; elle paraît l'excès de la fidélité, et elle n'en est que l'accomplissement ; elle semble grever, déshonorer les finances, et elle assure leur libération, et elle les honore par le crédit. On pourrait craindre qu'elle ne précipitât la ruine de l'État, et elle le sauve et l'enrichit.

Quand nous sera-t-il donné de pénétrer la profondeur de ces combinaisons , et de nous les approprier ! Si nous ne pouvons les comprendre, admirons au moins leurs étonnans résultats , et ne calomnions pas, ne repoussons pas un modeste et timide essai qui doit nous arracher de la fange du discrédit , et faire cesser la honte et la misère dues à nos infidélités et à nos Banqueroutes multipliées.

De l'Évaluation de l'Arriéré, et des Moyens d'y pourvoir.

On a minutieusement contesté les aperçus de l'arriéré ; on a demandé quelle pouvait être la somme arithmétique des moyens extraordinaires, et si elle pouvait suffire au remboursement du montant nominal de l'arriéré.

Je ne m'abaisserai pas à ces vues étroites, à ces calculs rétrécis de gens qui ne peuvent ou ne veulent pas s'élever au-dessus des chiffres mensongers des anciens Budgets.

Le Ministre des finances du Roi me paraît avoir rempli son devoir, en admettant les aperçus des autres Ministres, en y joignant les siens et en les présentant comme des évaluations incertaines. Je ne cherche pas si les Ministres ont exagéré; je ne le crois pas. Ce qu'il importe aux créanciers de l'État, c'est que les Ministres aient annoncé le plus haut arriéré possible, et qu'ils n'aient rien dissimulé. Ceux qui accusent les Ministres d'exagération dans leurs aperçus d'arriéré, raffermissent la confiance des créanciers de l'État; et, pour qu'elle doublât, j'aurais voulu qu'ils accusassent le Ministre des finances d'avoir atténué les évaluations du Budget des recettes et la puissance des moyens extraordinaires.

C'est donc une question oiseuse et insoluble en ce moment, que la fixation du montant de l'arriéré; il faut le payer en entier, quel qu'il soit, et, après le paiement, il faudra en présenter le compte et le justifier.

Il me paraît également impossible de calculer le montant ou plutôt la puissance des moyens extraordinaires compris dans le Budget : il faudra les mettre de niveau avec l'arriéré ; mais ils peuvent sans inconvénient, ils doivent même, par leur nature et pendant quelque temps, varier suivant l'emploi qui en sera fait, et suivant les événemens.

Si tous les créanciers de l'État préféraient les Cinq pour cent consolidés ramenés au pair, les autres moyens extraordinaires deviendraient libres et pourraient fonder un amortissement ; s'ils prenaient tous des Obligations du Trésor royal, il serait possible, suivant la marche du recouvrement et du crédit, que le produit de la vente des biens communaux et des 300,000 hectares de forêts, et le surplus des recettes de 1815, ou ne fussent pas suffisans pour compléter le remboursement, ou lui fussent supérieurs. Enfin, un emprunt avantageux promptement réalisé, l'emploi simultané des ventes de forêts, de l'émission et du rachat des Obligations et de l'Inscription volontaire, et même du paiement en numéraire, peuvent, en combinant leurs effets, modifier les résultats de plusieurs manières : ces résultats échappent donc aux calculs de la prévision, mais il n'est nullement nécessaire qu'ils y soient soumis.

Si les moyens sont insuffisans, il en sera justifié, et il y sera pourvu; s'il existe un excédant, la destination en sera réglée. Quant à présent, il suffit aux créanciers de l'État que les moyens proposés puissent suffire aux besoins de la première année, pour soutenir le cours des Obligations, et que les intentions du Gouvernement ne laissent aucune incertitude sur le point seul essentiel, le remboursement intégral.

Les créanciers de l'État ne peuvent jamais douter du *pouvoir* du Gouvernement pour les rembourser, puisque leurs créances sont dans une faible proportion avec la richesse et les revenus de l'État; ils ne peuvent douter que de la *volonté* du Gouvernement, et ils ont principalement besoin d'être tranquillisés à cet égard. Il faut écarter toute idée d'injustice et de contrainte : il faut proclamer et prouver la *volonté*, bien plus que les moyens de tout payer : c'est en cela, sur-tout, que le nouveau plan de finances me paraît habilement conçu.

Les Gouvernemens annoncent presque toujours la volonté de payer ; le dernier Gouvernement nous avait appris à nous défier de ses promesses fallacieuses, renfermées dans ses Budgets imposteurs. Nous avions besoin, pour être rassurés, et pour voir renaître le Crédit, de connaître la volonté d'un Roi honnête homme ; et celui qui a dit que nous ignorions le prix de cette qualité si précieuse dans un Souverain, a dit une grande vérité, dont toute l'étendue n'a peut-être pas été bien sentie.

Le Crédit, aussi honorable qu'utile à qui sait l'inspirer, porte également un ami, un inconnu, un étranger, à venir librement déposer et à laisser sans crainte le fruit de ses travaux, le gage de son aisance, de son repos, de son existence et de celle de sa famille, sa fortune, entre les mains d'un particulier ou d'un Gouvernement : le Crédit se confond avec les plus nobles affections du cœur, l'amitié, l'estime, le respect, la confiance : véritable sentiment, on ne peut lui commander. A la plus légère apparence de contrainte, au premier soupçon d'infidélité, il fuit pour long-temps.

Après vingt-cinq ans d'infidélités, il fallait que le Budget respirât dans toutes ses parties, je ne dis pas seulement le desir, mais le besoin de payer : je vois cet empressement rassurant dans toutes les facilités, dans tous les avantages accordés aux créanciers, dans l'intérêt de huit pour cent, dans l'autorisation de vendre 300,000 hectares de forêts et les biens communaux, dans la faculté de faire un emprunt, dans les aperçus élevés de l'arriéré, dans la modération des évaluations des recettes, dans les économies considérables imposées aux Ministères.

Aucune crainte ne doit donc rester aux créanciers de l'État. Ils ont été l'objet particulier de la sollicitude du Gouvernement dans la formation du Budget. Ils avaient des droits à ses premiers soins, par les services que leur dévouement a rendus à l'État, par la confiance qu'ils lui ont témoignée en le faisant dépositaire de leur fortune, en lui consacrant leurs travaux, et par les services qu'ils peuvent continuer de rendre, et qu'ils s'empresseront sans doute d'offrir. Assurer leur remboursement, ce n'est pas seulement une justice, c'est aussi un calcul bien entendu ; le Gouvernement, en conservant la fortune de serviteurs utiles et dévoués, obtient leurs services, et il les obtient à des conditions de plus en plus favorables. Toutes les primes et indemnités ajoutées aux prix de tous les marchés contractés avec les Ministères, doivent diminuer rapidement ; toutes les avances exigées par les fournisseurs, doivent cesser ; toutes les fournitures, toutes les entreprises, doivent coûter moins et être meilleures : cette économia sera considérable ; elle tournera au profit des contribuables, dont le Gouvernement ménage les intérêts lorsqu'il s'occupe du sort des créanciers.

Je ne puis me refuser à énoncer, mais sans en donner la démonstration, et pour ceux-là seulement qui sauront m'entendre, un effet surprenant de la fidélité du Gouvernement. Par cela seul qu'il ne détruit pas, il semble créer les capitaux que représente sa dette, et il les fait servir au propre acquittement de cette dette. La banqueroute publique n'est pas seulement une injustice ; elle est une erreur, puisqu'elle refuse d'acquitter une dette dont le paiement ne coûterait rien ni au Trésor, ni à l'État, ni aux contribuables.

Si le Gouvernement eût refusé le paiement des 805 millions d'arriéré, ce capital énorme aurait été détruit, et les *créanciers directs et indirects* de l'État et le Royaume même seraient appauvris. Quelle reconnaissance ne devons-nous pas au Roi, dont un des premiers soins a été de conserver cette richesse à la France ! car il ne faut pas croire que les *créanciers directs* de l'État en profitent seuls ; une partie de ce capital et son revenu seront reversés sur la matière imposable, et contribueront à la féconder. Si les créanciers de l'État sont plus riches, ils useront de leur aisance au profit de l'aisance générale ; ils paieront leurs créanciers formant la classe innombrable des *créanciers indirects de l'État*. Un Gouvernement éclairé sait que tout ce qu'il paye aux créanciers de l'État profite aux contribuables ; que leurs intérêts sont communs, inséparables ; que tout ce qu'il enleverait aux créanciers, que tous les capitaux détruits par la banqueroute, seraient perdus pour tous, et perdus sans retour ; que le renchérissement de toutes les fournitures, la détérioration des entreprises, l'augmentation des dépenses, en seraient les funestes conséquences, et retomberaient sur les contribuables en aggravation d'impôts. Toutes les classes de citoyens sont donc plus intéressées qu'on ne le croit, à la fidélité du Gouvernement.

Presque tous les habitans d'un État sont *les créanciers directs* ou *indirects* du Gouvernement. Le discrédit frappe et détruit indistinctement toutes les natures de capitaux et de propriétés, tandis que le crédit public les multiplie, les vivifie toutes, et en élève la valeur.

C'est ainsi que le plan de finances proposé étend son influence bien au-delà des limites dans lesquelles il paraît circonscrit, et que les diverses propositions dont il se compose s'enchaînent, s'appuient et se fortifient mutuellement, de telle sorte qu'en supprimer ou en modifier une seule, ce serait s'exposer à déranger tout le plan et à manquer le but.

Le Roi a fait connaître sa volonté ; le Ministre des finances a présenté ses plans ; on les a aussitôt attaqués avec autant d'injustice que de légèreté.

Mu par le seul desir du bien public, entraîné par l'ardent amour des hautes vérités sur lesquelles reposent les fondemens de la société, j'ai cru devoir user, pour énoncer mon opinion, de cette liberté de la presse qui permet également de blâmer et de louer, d'attaquer et de défendre les plans des Ministres et les ouvrages des particuliers. J'ai réfuté avec force, et sans ménagement pour leurs erreurs, des écrivains qui me sont inconnus. J'ai, en présence de l'opinion publique, soumis toutes les parties du Budget à la discussion la plus sérieuse et la plus indépendante ; je crois y avoir trouvé toutes les preuves desirables de fidélité, tous les motifs de confiance.

Le Budget doit subir l'épreuve de la discussion à la tribune, et il lui manque la sanction des deux Chambres. Elles sont composées d'hommes recommandables par tous les genres de mérite. Défenseurs éclairés des droits des peuples, et appuis inébranlables du Trône, ils savent que le premier devoir, le plus sûr garant de la stabilité des Gouvernemens, est la justice envers tous. Ils connaissent les droits sacrés des créanciers de l'État ; ils sont aussi nos Représentans, et ils s'empresseront de consolider la sécurité et le bonheur que les plans proposés nous promettent.

Combien j'ai négligé de développemens favorables au système du Crédit, et combien, si le temps me l'eût permis, il eût été beau, il eût pu être utile de montrer la *Richesse particulière* et la *Richesse publique* formées et croissant l'une par l'autre, élever la *Richesse générale* à un degré qui étonne l'imagination, et que vainement nous envierons à nos voisins, tant qu'au lieu de les suivre dans les routes larges et faciles de la fidélité et du Crédit, nous persisterons à nous égarer et à nous enfoncer de plus en plus dans les sentiers tortueux et fangeux de la Banqueroute !

Qu'on ne vienne pas nous dire que le Budget présenté n'est que l'imitation mal déguisée des Budgets précédens ; qu'il n'offre rien de neuf.

L'invention est réservée à quelques génies rares et privilégiés, que la nature ne produit que de loin en loin ; et, après la découverte encore récente de la théorie et des étonnans effets du Crédit et de l'Amortissement, il est permis à l'invention financière de se reposer pour exécuter et pour jouir. C'est une assez belle tâche pour l'Administrateur, que celle d'accommoder à nos finances, à nos préjugés, ces précieuses découvertes que l'on repousse comme étrangères à la France, tandis qu'elles ne sont qu'inconnues.

Le plus souvent, l'Administrateur n'a pas le choix des moyens; et c'est surtout par la manière de les mettre en œuvre qu'il signale son habileté. Il faudra toujours parler de contributions directes et indirectes, de revenus, de recette et de dépense, d'ordonnances, d'évaluation, de comptes, de liquidation, &c., en un mot, de Budget provisoire et de Budget définitif. Ce n'est-là ni le difficile ni l'essentiel. Le point important, qui échappe aux esprits vulgaires, est dans la combinaison plus ou moins savante, suivant les temps, suivant les lieux, de ces mesures ordinaires dans tous.

Présenter des Budgets de recettes et de dépenses, des moyens ordinaires et extraordinaires, sera l'inévitable devoir d'un Ministre des finances de tous les siècles : mais, dans les seules ressources de finances épuisées par la guerre, énervées et déshonorées par tous les genres d'excès et d'abus, trouver de quoi fournir au service courant et au paiement de l'arriéré; substituer un système de Crédit à un système de Banqueroute, ce n'est pas plus se traîner sur les pas de l'ancienne Administration, que ce n'est avoir imité l'ancien Gouvernement que d'avoir substitué à un Corps législatif muet et impuissant, une Chambre des Députés libre et influante par les talens de ses membres autant que par les droits qui lui sont rendus et par ceux dont la défense lui est confiée; à un Sénat servile et déconsidéré, une Chambre des Pairs indépendante, et qui a droit à tous nos respects.

Imiter ainsi, c'est créer.

Tous ces prodiges, dont nous sommes déjà, ou dont nous sommes appelés à être les heureux témoins, ne sont l'ouvrage d'aucun Ministre. C'est assez pour leur gloire et pour leur bonheur, d'être les fidèles instrumens du Génie tutélaire, du Sauveur de la France et du Père chéri des Français.

O belle France! ô ma patrie, à quel avenir tu touches déjà! quelles sources inépuisables d'abondance et de prospérité te sont ouvertes! O mes Concitoyens, quelle félicité, que de biens inappréciables nous sont acquis, si les désastreux projets d'écrivains sans mission sont repoussés; si les intentions libérales, si les projets généreux, magnanimes, du Monarque éclairé qui nous gouverne, sont entendus et accomplis!

Un Créancier de l'État.

<hr>

P. S. Pendant l'impression de cette seconde édition, il a été distribué des *Notes* en réfutation de mon

Opinion. L'auteur des *Notes*, en se qualifiant *ami de la vérité*, montre une colère fort plaisante dans des chicanes de chiffres, et un fanatisme édifiant, mais hors de saison, pour le culte des budgets impériaux : il est furieux que j'aie osé renverser son idole ; il s'en déclare le grand-prêtre et l'apôtre. Il ne reconnaît de principes que ceux des budgets impériaux, et il traite de *bévue* et d'*ignorance* tout ce qui s'en écarte le moins du monde. Cette salutaire doctrine est pour lui la vérité éternelle, dont il se dit l'ami : il y voit encore le fondement de toutes les finances. Je lui fais l'honneur de croire que sa vue n'est si courte et si trouble que parce qu'il ne veut rien voir qu'à travers les budgets impériaux. Il y prend tous ses raisonnemens, quand il daigne raisonner et faire trève aux injures qu'il prodigue avec une grossièreté insultante, qui dispenserait de tout ménagement dans la réplique.

Il est par-tout dupe de formes absurdes dont il ne sait pas apprécier les conséquences, et de mots dont il ne comprend pas le sens ; il s'excuse par les ordres du Gouvernement et par les lois, quand je blâme et le Gouvernement et les lois qu'il fabriquait ; il défend les personnes, quand j'attaque le système. Tant que l'on se servira des expressions *budget, recettes* et *dépenses*, il ne pourra voir la différence qui existe entre le système impérial d'injustice, de pillage et de Banqueroute, et le système proposé de fidélité et de Crédit.

Il se plaint que j'aie confondu les *Observations* de l'anonyme et les *Réflexions* de M. *Ganilh* dans la même réfutation, quoique j'aie répondu séparément à chaque ouvrage. Il ne voit rien de commun entre les deux auteurs. Il a raison sous quelques rapports ; aussi n'ai-je pas commis l'injustice de les confondre. Je croyais avoir assez hautement déclaré que je trouvais *aux excellentes intentions, aux vues étendues, aux pensées justes et profondes*, mais *hasardées et intempestives*, de M. *Ganilh*, une immense supériorité sur les chicanes de chiffres et de mots, sur les pauvretés et les inepties des apôtres des budgets impériaux. Je dois renouveler cette déclaration pour la satisfaction d'un *ami de la vérité*.

Au dire de *l'ami de l'anonyme*, le Ministre des finances n'est que le gardien des fonds publics, et il n'en peut pas disposer, parce qu'il ne peut les ordonnancer ; comme si les caisses ne pouvaient être ouvertes que par des ordonnances ! comme si le Ministre des finances n'avait pas l'administration de la totalité des revenus, et la direction de tous les fonds recouvrés et à recouvrer ! Il regrette l'utile précaution de renfermer les valeurs à échéances dans une caisse à trois clefs ; et il ne se rappelle pas que les fonds de tous les bons de la Caisse d'amortissement et des obligations des Receveurs généraux ont été consommés et ont disparu, quoique ces effets fussent fidèlement enfermés sous trois clefs.

J'ai dit que, *les armées ayant été détruites ou affaiblies, la France aurait pu suffire aux besoins de la paix*, si elle eût été faite à la fin de 1812 ; et plus loin, supposant le cas où les armées victorieuses et *entières* auraient été par la paix ramenées en France, j'ai dit que *leur retour suffisait pour causer le déficit et ôter les moyens ordinairement employés pour le combler :*

J'ai dit que les recettes et les dépenses des budgets impériaux ne pouvaient être en équilibre par les seules ressources de la France ; et plus loin, que l'équilibre avait été rétabli par les contributions et le pillage de l'Europe :

L'ami de l'anonyme prend pour des contradictions des mots différens, exprimant des pensées différentes, quoiqu'en parfait accord. Quelle finesse d'intelligence !

Quant aux chicanes de chiffres, *l'ami de l'anonyme* renouvelle des calculs et des objections dont il n'a pas pu ou dont il n'a pas voulu comprendre les réponses, parce qu'il lui plaît de ne voir que la moitié des raisonnemens et la moitié des chiffres, ou parce que les réponses ont été prises hors des budgets impériaux, dans des considérations générales qu'il ne comprend pas. *Il se flatte*, il est vrai, *de lire mieux qu'un autre :* mais il ne se pique pas de comprendre ; car, dans sa feinte modestie, il répète fréquemment *qu'il ne peut comprendre, qu'il n'est qu'un ignorant en finance, qu'il n'a qu'une faible intelligence.* Qu'il prenne garde ; on pourrait bien prendre au mot ces aveux ingénus autant qu'inutiles.

Il nie, contre l'évidence, que l'équilibre des budgets fût fondé sur le pillage de l'Europe, et, quelques lignes plus loin, il certifie que les budgets n'auraient jamais éprouvé de déficit, si l'on eût continué de lever des contributions dans l'Italie, dans la Hollande, dans l'Allemagne, et d'en vendre les domaines, c'est-à-dire, de piller ces pays. Quelle logique !

Il soutient que les prétendues améliorations des finances et l'équilibre des budgets de l'an 8 à l'an 13 ne furent dues ni à la guerre, ni aux Banqueroutes ; et il oublie les victoires de ces années, qui portèrent et maintinrent nos armées en Italie et en Allemagne, l'effroyable Banqueroute de la loi du 30 ventôse an 9, et l'établissement du Conseil général de liquidation par le décret du 13 prairial an 10. Quelle mémoire !

J'ai dit que l'ancien Gouvernement présentait un compte *des ordonnances délivrées*, comme le vrai compte des Ministères : *l'ami de l'anonyme* prétend qu'il y a *bévue* à prendre un *compte d'ordonnances* pour un compte de Ministères. Je m'en garde certes bien, puisque je reproche à ce *compte d'ordonnances* de ne faire connaître *ni les consommations réelles, ni les sommes restant dues. L'ami* aperçoit dans les comptes de finances une colonne intitulée *Restant à ordonnancer*, et il prétend qu'elle donne le renseignement que je demande. Peut-il sérieusement présenter comme un compte réel, un restant à ordonnancer sur un budget incomplet ! Qu'il apprenne une bonne fois que tant qu'il prendra ses budgets impériaux, misérable fiction, pour base de tous ses raisonnemens, il ne peut que tomber de *bévues* en *bévues*, en articulant sans cesse ce reproche contre des raisonnemens et des calculs qui se trouvent placés au-dessus de la sphère ridicule et obscure dans laquelle il se renferme, de peur d'apercevoir la lumière.

Il excuse la Caisse d'amortissement d'avoir vendu ses rentes, parce que les lois l'y autorisaient ; et ce n'est pas la Caisse d'amortissement, mais les lois mêmes, que je blâme. Il prétend que l'ancien Gouvernement connaissait le pouvoir de l'amortissement, parce qu'il en avait prononcé le nom et élevé un simulacre dont il abusait sans cesse, malgré les intentions et les lumières des Directeurs de la Caisse d'amortissement, qui ne pouvaient qu'obéir en gémissant sur tant de mesures aussi contraires à leurs principes qu'à la foi publique.

L'ami veut excuser la Caisse d'amortissement par son obéissance, lorsque je ne l'accuse pas, lorsque je me plains des ordres mêmes, et lorsque je démontre qu'il n'y a jamais eu, de la part du Gouvernement, que de la jonglerie dans ses prétendus plans d'amortissement, puisqu'en résultat la Caisse d'amortissement, au lieu de racheter la dette publique, a servi à émettre pour 1,400,000 francs de rentes ; ce que *l'ami* essaie vainement de contester.

Quand *l'ami* ne sait plus que dire pour excuser l'auteur des *Observations*, il prétend qu'il plaisante, sans nous en avertir, quoiqu'assurément sa brochure ne présente pas le plus petit mot pour rire.

Il est désolé de la malice avec laquelle, dit-il, j'ai envenimé les intentions bénignes de son ami, *à la modération* (il faut lire *à la faiblesse*) duquel chacun rend hommage. Il déclare qu'il n'a voulu que servir les projets des Ministres du Roi, en les censurant avec amertume, en les accusant d'inexactitude et de mauvaise foi. Cette manière d'aider les gens est neuve, et il était permis de se méprendre sur des intentions si singulièrement manifestées. Je ne désespère pas qu'un autre *ami* ne vienne bientôt me prouver que j'aurais dû prendre pour des complimens les grosses et brutales injures qu'il m'adresse.

Enfin il nous avertit qu'*il perd patience :* quel dommage ! Ne voit-il pas que c'était là le but de ce *malin Créancier de l'État,* et qu'il-doit être ravi d'avoir tiré cette vengeance du grand-prêtre des budgets, en expiation des oracles confus et menteurs par lesquels on a si long-temps trompé la nation et abusé de la patience des Créanciers de l'État, sans qu'il leur fût permis d'élever la voix contre les comptes incomplets et les rapports insignifians présentés chaque année !

Après tant d'années d'oppression et de silence forcé, il doit être permis à un Créancier de l'État, dont la langue est déliée, d'exhaler la juste haine qu'ils nourrissaient tous depuis long-temps contre les budgets impériaux dévorateurs de leurs fortunes, et de s'opposer au retour du système de Banqueroute. Sauvé de la ruine qui lui était préparée, un Créancier de l'État rit de la présomption incorrigible des apôtres des budgets impériaux et de la Banqueroute, qui croient presque avoir encore le droit de parler seuls, et de prêcher hautement l'infidélité et l'injustice sans trouver de contradicteurs, et qui continuent de présenter leurs funestes rêves comme des vérités auxquelles est due une foi aveugle. Il se rit de leur colère impuissante, qui semble le menacer encore de la désastreuse influence des budgets impériaux et des liquidations, comme si leur règne n'était pas passé avec celui de la tyrannie.

G

J'ai donné assez d'échantillons de l'exactitude, de la logique, de la profondeur des raisonnemens de *l'ami de l'anonyme*, et de l'importance des résultats qu'il recherche. Je ne suivrai pas *l'ami* dans les calculs inexacts et dans les définitions et distinctions insignifiantes dans lesquelles il s'embarrasse, en s'élevant jusqu'au galimatias. Je n'essaierai pas d'ennuyer plus long-temps le lecteur de la réfutation détaillée d'un pamphlet qui ne renferme pas une seule vérité utile, pas une idée raisonnable, et qui porte le cachet de l'amour-propre blessé, de la colère et de l'impuissance. Lorsque les discussions polémiques sur des matières d'intérêt public dégénèrent en querelles et en personnalités, elles autorisent de justes représailles ; mais elles perdent le caractère d'utilité publique, qui pouvait leur mériter l'attention : il faut plaindre les écrivains et abandonner leurs débats.

Je renonce aux suffrages des synagogues que *l'ami de l'anonyme* me promet : la théorie de l'intérêt que j'ai osé proclamer, l'exemple et l'influence de la fidélité du Gouvernement que je réclame, bien plus que des prohibitions éludées, des menaces impuissantes et des lois inexécutables, sont les remèdes de l'usure et le fléau des usuriers. Le bon homme calomnie mes intentions, faute de les avoir comprises ; il ne voit pas que nous sommes d'accord pour haïr et proscrire l'usure, et que nous ne différons d'opinion que sur les moyens à employer. Il a bien fait de ne pas s'engager dans la discussion de cette question, ni d'aucune question d'intérêt public, évidemment au-dessus de sa portée, s'il faut le juger par son pamphlet ; il est tout naturel qu'il ne puisse comprendre que la fixation légale de l'intérêt est l'aiguillon et non le frein de l'usure. J'apprécie et j'estime les intentions pures et la moralité des partisans de l'intérêt légal ; mais je plains leur zèle aveugle, qui se trompe de route et les écarte du louable but qu'ils se proposent d'atteindre. Je déplore sur-tout les funestes conséquences d'une erreur destructive, lorsqu'elle est partagée par le Gouvernement et consacrée par la loi.

Je finis par les premières paroles de *l'ami de l'anonyme* : *C'est une étrange manie que celle de parler des choses que l'on ignore, et de raisonner de ce que l'on ne comprend pas.*

Rien n'est plus dangereux qu'un ignorant ami.
LA FONTAINE, livre VIII, *fable 10.*

UN CRÉANCIER DE L'ETAT.